oekom
verlag

Herausgegeben von oekom e.V. – Verein für ökologische Kommunikation

Dieses Buch wurde klimaneutral hergestellt.
CO_2-Emissionen vermeiden, reduzieren, kompensieren – nach diesem Grundsatz handelt der oekom verlag. Unvermeidbare Emissionen kompensiert der Verlag durch Investitionen in ein Gold-Standard-Projekt.
Mehr Informationen finden Sie unter: www.oekom.de

ClimatePartner°
klimaneutral
Verlag | ID: 128-50040-1010-1082

Bibliografische Information der Deutschen Nationalbibliothek:
Die Deutsche Nationalbibliothek verzeichnet diese Publikation in der Deutschen Nationalbibliografie; detaillierte bibliografische Daten sind im Internet über http://dnb.d-nb.de abrufbar.

---

oekom verlag, Gesellschaft für ökologische Kommunikation mbH
Waltherstraße 29, 80337 München

Umschlaggestaltung, Layout und Satz: Lone Nielsen
Lektorat: Helena Obermayr, Anke Oxenfarth

Druck: Kessler Druck + Medien, Bobingen
Gedruckt auf 100% FSC-Recylingpapier (außen: Circlematt White; innen: Circleoffset White), zertifiziert mit dem Blauen Engel (RAL-UZ 14)

ISBN: 978-3-86581-851-5

oekom e.V. – Verein für ökologische
Kommunikation (Hrsg.)

Asien

Zwischen wirtschaftlichem Aufstieg und ökologischem Kollaps

Mitherausgegeben vom
Bischöflichen Hilfswerk Misereor e.V.

politische ökologie | **Die Reihe für Querdenker und Vordenkerinnen**

Die Welt steht vor enormen ökologischen und sozialen Herausforderungen. Um sie zu bewältigen, braucht es den Mut, ausgetretene Denkpfade zu verlassen, unliebsame Wahrheiten auszusprechen und unorthodoxe Lösungen zu skizzieren. Genau das tut die politische ökologie mit einer Mischung aus Leidenschaft, Sachverstand und Hartnäckigkeit.

Die *politische ökologie* schwimmt gegen den geistigen Strom und spürt Themen auf, die oft erst morgen die gesellschaftliche Debatte beherrschen. Die vielfältigen Zugänge eröffnen immer wieder neue Räume für das Nachdenken über eine Gesellschaft, die Zukunft hat.

Herausgegeben wird die *politische ökologie* vom
oekom e.V. – Verein für ökologische Kommunikation.

„Die Zukunft der Menschheit entscheidet sich in Asien." – Wie ein Mantra wird diese Prognose seit Jahren in unterschiedlichen Zusammenhängen wiederholt. Die europäische Wirtschaft müht sich nach Kräften, im vielversprechenden asiatischen Markt weiter Fuß zu fassen. Gerade das treibt Umweltpolitikern und Klimawissenschaftlerinnen Schweißtropfen auf die Stirn, angesichts der bereits heute schon in vielen Bereichen überschrittenen ökologischen Belastungsgrenzen der Erde. Auch Nichtregierungsorganisationen und Menschenrechtsaktivisten wenden ihren Blick immer öfter besorgt gen Osten.

Asien ist ohne Zweifel ein Kontinent in Bewegung. Wirtschaft und Mittelschicht wachsen, die Ungleichheit auch. Trotzdem bleiben viele Menschen arm – mehr als die Hälfte aller Armen weltweit lebt in Asien. In dem boomenden Schwellenland Indien leiden so viele Menschen Hunger wie in keinem anderen Land der Erde. Die politischen Verhältnisse sind oft unübersichtlich, denn sie oszillieren zwischen dem Wunsch nach Fortschritt und der Abschottung nach außen. Auch die Bevölkerung ist hin- und hergerissen zwischen der traditionellen Dorfgemeinschaft mit ihren engen familiären Bindungen und dem modernen Leben in einer Megacity.

Unsere Autor(inn)en tauchen tief ein in diesen bevölkerungsreichen Kontinent, der vor allem durch Heterogenität geprägt ist, denn die 47 Länder stehen vor sehr unterschiedlichen politischen, wirtschaftlichen, sozialen und ökologischen Herausforderungen. Trotz dieser Vielfalt sehen Presse, Politik und Wirtschaft in Europa Asien häufig als eine Einheit. Besondere Aufmerksamkeit erhalten die Bevölkerungsriesen China und Indien. Dabei gibt es viele weitere Geschichten aus Asien zu erzählen. Einige sind besorgniserregend, andere hoffnungsvoll. – Auf jeden Fall eine Lesereise wert!

Anke Oxenfarth
oxenfarth@oekom.de

Inhaltsverzeichnis

Wachstum und Grenzen

Risiken und Chancen

Impulse

Spektrum Nachhaltigkeit

Rubriken

Für sein inhaltliches und finanzielles Engagement sowie die gute Zusammenarbeit danken wir dem Bischöflichen Hilfswerk Misereor e.V.

MISEREOR
IHR HILFSWERK

Steckbrief Asien

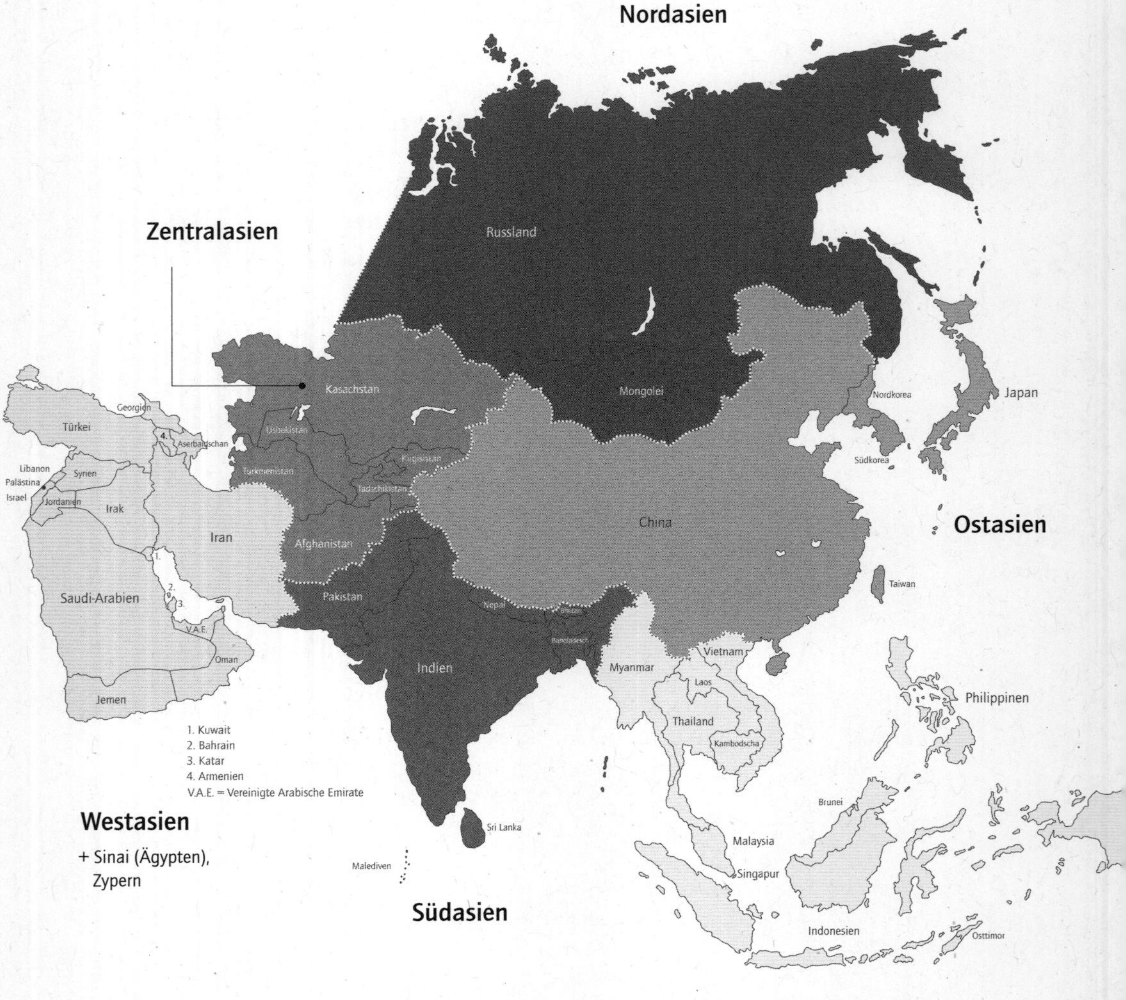

* Es gibt widersprüchliche Definitionen, welche Länder zum asiatischen Kontinent gehören. Während sich die Karte auf dem Titel auf den meistens verwendeten Umriss des Kontinents bezieht, legen wir für den Steckbrief die von der Statistikbehörde der Vereinten Nationen verwendete Einteilung zugrunde.

- Das Wort „Asien" leitet sich vom assyrischen Begriff „Assu" (Sonnenaufgang, Osten) her, „Assu" entspricht dem lateinischen Wort „Orient" oder dem deutschen „Morgenland".

- In Asien werden viele hundert Sprachen gesprochen, auch die Sprachfamilien und -gruppen weisen in sich eine enorme Vielfalt auf.

- Alle Weltreligionen sind in Asien entstanden. Mit über einer Milliarde Anhänger(inne)n ist der Islam die größte Religionsgemeinschaft in Asien und umfasst mehr als ein Viertel aller Bewohner(innen) des Kontinents.

- Ohne Russland erstreckt sich Asien über eine Fläche von 31,7 Millionen Quadratkilometern, das entspricht einem Drittel der Landmasse der Erde. Mit über vier Milliarden Menschen (etwa 60 Prozent der Weltbevölkerung) ist Asien auch der einwohnerstärkste Erdteil.

- Asien besteht aus 47 international anerkannten Staaten. Die Statistikbehörde der Vereinten Nationen unterteilt die Länder in Nord-, Zentral- und Westasien, Süd-, Ost- und Südostasien.* Es gibt keine eindeutige geografische und geologische Abgrenzung zu Europa, die am häufigsten gezogene Grenze verläuft entlang des Urals, des Kaspischen Meers und des Kaukasus von Nord nach Süd.

- Die Länder Asiens erstrecken sich über mehrere ökologische Zonen, die von Tundra bis Regenwald reichen. Der Erdteil beheimatet nicht nur die höchste Gebirgskette (die Gipfel der Himalaya-Berge liegen alle über 8.000 Meter), sondern mit dem Baikal auch den tiefsten und ältesten Binnensee der Welt. Auf 37 Prozent der Gesamtfläche besteht Asien aus Wüsten oder Halbwüsten.

- 23 der weltweit 36 Megastädte (Städte mit mindestens zehn Millionen Menschen) liegen in Asien, darunter auch die acht größten.

- Im Jahr 1990 betrug der CO_2-Ausstoß pro Asiat/Asiatin 2,4 Tonnen, im Jahr 2013 waren es bereits vier. Im bevölkerungsreichsten Land China stieg der Pro-Kopf-CO_2-Ausstoß im gleichen Zeitraum von 1,9 Tonnen auf 6,5. (sj)

_ Quellen: Wikipedia (Asien, Gliederung und Sprachen), de.statista.com

„Jawohl, wir fuhren nach Asien, und Asien war nicht ein Weltteil, sondern ein ganz bestimmter, doch geheimnisvoller Ort, irgendwo zwischen Indien und China. Von dort waren die Völker und ihre Lehren und Religionen ausgegangen, dort waren die Wurzeln alles Menschenwesens und die dunkle Quelle alles Lebens, dort standen die Bilder der Götter und die Tafeln der Gesetze."

Aus: Hesse, Hermann (1970): Gesammelte Werke Band 6, Singapore-Traum. Frankfurt/Main, S. 243.

„Die Weltgeschichte geht von Osten nach Westen, denn Europa ist schlechthin das Ende der Weltgeschichte, Asien der Anfang."

Aus: Hegel, Georg Wilhelm Friedrich (1949, dritte Auflage): Vorlesungen über die Philosophie der Geschichte. Stuttgart, S. 150.

Ökozid im Namen der Globalisierung

„Wälder, Berge und Wassersysteme werden bereits von marodierenden multinationalen Konzernen ausgebeutet, unterstützt von einem Staat, der wild drauflos agiert und ein Verbrechen begeht, das man nur als ‚Ökozid' bezeichnen kann. Im Osten Indiens werden Bauxit und Eisenerz abgebaut, intakte Ökosysteme werden dabei zerstört, und fruchtbares Land wird in Wüste verwandelt. Im Himalaya sind Hunderte hoher Dämme geplant, die nur zu Katastrophen führen können. In den Ebenen haben Deiche, die Überschwemmungen angeblich unter Kontrolle bringen sollten, dazu geführt, dass die Flussbetten jetzt höher liegen, was noch schlimmere Überschwemmungen, Vernässungen und Versalzungen landwirtschaftlicher Flächen verursacht und Millionen Menschen die Lebensgrundlage raubt. Die meisten der heiligen Flüsse Indiens, darunter der Ganges, wurden zu unseligen Kloaken und führen mehr privaten und industriellen Giftmüll als Wasser. Kaum ein Fluss folgt noch seinem natürlichen Verlauf und mündet ungehindert ins Meer."

Aus: Roy, Arundhati: Aus der Werkstatt der Demokratie. S. Fischer, Frankfurt/Main 2010, S. 16 f.

Galoppierende demografische Maskulinisierung

In den letzten 30 Jahren beginnt das Geschlechterverhältnis in Asien zu kippen: In manchen chinesischen Provinzen kommen auf 100 neugeborene Mädchen über 150 neugeborene Jungen. Ähnlich gravierend sieht es auch in anderen Ländern der Region aus. Da der bevölkerungsreiche Kontinent ein Drittel der Weltbevölkerung stellt, handelt es sich längst nicht mehr um ein rein lokales Problem, zumal auch in Europa die gezielte Abtreibung weiblicher Föten zunimmt.
Der Männerüberschuss zeigt bereits schwerwiegende Folgen: Wo Frauen »Mangelware« sind und Männer ungewollt ledig bleiben, steigt nachweislich die Kriminalitätsrate und die Zahl der Sexualdelikte. Zwangsehen, Heiratshandel und sexuelle Ausbeutung von Frauen und Kindern nehmen seit Jahren zu.
Anders als im Westen vermutet sind Söhne nicht nur in wirtschaftlich rückständigen Regionen Asiens beliebter als weibliche Nachkommen. Gerade die wachsende Mittelschicht in den asiatischen Megacitys entscheidet sich immer öfter gegen Töchter. Gut ausgebildete Frauen sind wirtschaftlich unabhängiger und können sich die importierte vorgeburtliche Diagnostik eher leisten. Lange Zeit wurde dieser sogenannte Genderzid toleriert. Inzwischen reagieren die Regierungen in Asien mit strengeren Abtreibungsgesetzen. (ao)

_ Quelle: Hvistendahl, Mara (2010):
Das Verschwinden der Frauen. München.

Der SDG-Index ausgewählter asiatischer Staaten

Land	Rang in der Liste von 149 Ländern	Ergebnis (Erreichen der 17 SDGs in Prozent)
Westasien		
Aserbaidschan	65	61,3
Saudi-Arabien	85	58
Libanon	86	58
Zentralasien		
Kasachstan	54	63,9
Kirgistan	67	60,9
Tadschikistan	72	60,2
Afghanistan	139	36,5
Ostasien		
Japan	18	75
Südkorea	27	72,7
China	76	59,1
Südasien		
Bhutan	82	58,2
Sri Lanka	97	54,8
Nepal	103	51,5
Indien	110	48,4
Pakistan	115	45,7
Bangladesch	118	44,4
Südostasien		
Singapur	19	74,6
Thailand	61	62,2
Malaysia	63	61,7
Vietnam	88	57,6
Philippinen	95	55,5
Indonesien	98	54,4
Laos	107	49,9
Myanmar	117	44,5
Kambodscha	119	44,4
Nordasien		
Mongolei	84	58,1

2015 haben die Vereinten Nationen die nachhaltigen Entwicklungsziele (Sustainable Development Goals, SDGs) verabschiedet. Die 17 Ziele sind Teil der Agenda 2030, die die Bekämpfung von Armut und Hunger konsequent mit umwelt-, wirtschafts- und sozialpolitischen Zielen verknüpft. Alle Länder der Welt sind aufgerufen, die umfassende Strategie national und lokal umzusetzen.
Der von der Bertelsmann Stiftung und vom Sustainable Development Solution Network entwickelte SDG-Index bildet die Ausgangslage von 149 Ländern im Jahr 2015 hinsichtlich der 17 SDGs ab. Japan hat beispielsweise 75 Prozent auf dem Weg, alle 17 Ziele zu erfüllen, zurückgelegt. (hob)

_ Quelle: Bertelsmann Stiftung/Sustainable Development Solutions Network (2016): SDG Index and Dashboards Global Report. New York, S. 15 f. (Auszug).

Gegenwart und Zukunft Asiens

Ein bekannter und fremder Kontinent

Von Elisabeth Bially und Ulrich Füßer

Wirtschaftswachstum, Rohstoffausbeutung, tradierte soziale und ethnische Unterschiede, eklatante politische Defizite, Urbanisierung und die Auswirkungen des Klimawandels – eine Lösung für die zentralen Herausforderungen in Asien finden zu wollen bedingt zuweilen den festen Glauben daran, dass auch scheinbar Unmögliches Wirklichkeit werden kann.

In einem globalen Wettbewerb der Superlative würde Asien sicherlich gut abschneiden: Asien ist flächenmäßig mit etwa 44,4 Millionen Quadratkilometern und einer Gesamtbevölkerung von über 4,2 Milliarden Menschen der größte und bevölkerungsreichste Kontinent. 60 Prozent der Weltbevölkerung leben heute in Asien, Tendenz steigend. Asien ist auch Geburtsort der großen Weltreligionen Islam, Buddhismus, Christentum und Hinduismus. Die Berge der Himalayaregion sind die weltweit höchsten: über 8.000 Meter, die Tibetbahn, die höchste Eisenbahnstrecke der Welt, erreicht stolze 5.072 Meter.
Diese Aufzählung ließe sich fortsetzen, aber wir wählen einen anderen Blickwinkel: Asien ist vor allem gekennzeichnet durch eine kulturelle, religiöse, politische und ökonomische Vielfalt. Sie ist eine Aufforderung an alle, die sich mit den teils widersprüchlichen, teils interdependenten Entwicklungen in Asien befassen, einen sehr genauen Blick auf den Kontinent als Ganzes, aber auch auf die Situation im jeweiligen Land zu werfen, um den dortigen Lebenswirklichkeiten gerecht zu

werden - oder sich den Menschen, ihrem Denken und Fühlen zumindest annähern zu können. Apropos Annährung: Die Unterschiede zu den Menschen in Europa können groß sein. Sie sind es auch, wenn man sich beispielsweise die Werte vor Augen führt, die uns lieb und wichtig sind, und diese mit denen der Menschen in Ostasien vergleicht. Dort begegnen wir einer Welt, in der eine offen kompetitive Haltung das Leben bestimmt. Der Vergleich mit anderen spielt eine große Rolle. Der Wettbewerb ist die Triebkraft des ostasiatischen Raums. Hierarchie und Autoritätsgläubigkeit zeichnen die Gesellschaften Chinas, Japans und Koreas aus. Die Älteren dominieren die Jüngeren, der Mann die Frau, die Eltern die Kinder. Unser Verständnis von Nächstenliebe auf ein und derselben Ebene ist dem gesellschaftsphilosophischen Ansatz zumindest in Ostasien entgegengesetzt. Reichtum, Geld, Macht sind positiv besetzte Werte, nach denen dort zu streben ist.

In Südasien, genauer gesagt in Indien, sieht das schon anders aus: „Indisch zu sein bedeutet nicht, einer einzigen Ethnie anzugehören. Im Gegenteil: Aus ethnologischer Perspektive haben viele Inder(innen) mehr mit Ausländer(inne)n gemeinsam als mit anderen Inder(inne)n", schreibt Shashi Tharoor, Abgeordneter der Kongresspartei im indischen Parlament und von 2002 bis 2007 Stellvertreter von UN-Generalsekretär Kofi Annan, und fügt hinzu: „In Indien existiert alles in zahllosen Varianten. Es gibt keinen Standard, über den Einigkeit herrscht, keine fixierten Stereotype, keinen „einen Weg", um sich Dingen anzunähern". (1)

Krasse soziale Gegensätze

„Das, was im 21. Jahrhundert in Asien passiert, wird bestimmen, was im Rest der Welt geschieht", schreibt Chandran Nair, Gründer des Global Institute for Tomorrow. (2) Anders formuliert: Früher hat Asien auf die Welt geschaut, heute und vor allem zukünftig schaut die Welt auf Asien. Projektionen gehen davon aus, dass der Kontinent in rund 20 Jahren als wichtigste Weltregion gelten wird, vor allem im Hinblick auf Wirtschaftsleistung, technologische Investitionen, aber auch auf Militärausgaben. Die beiden führenden Weltmächte hießen dann unangefochten USA und China und schon heute ringen beide um die Vorherrschaft in Asien. Dort wiederum führt das Streben nach Zugang zu Rohstoffen zu nationalistischen Abgrenzungen zwischen den Ländern. Militärische Konflikte werden wahrscheinlicher. Abgrenzung ist auch in den einzelnen Gesellschaften präsent. Intoleranz und Ausgrenzung, sozial und religiös motiviert beziehungsweise ineinander verwoben, gehören zum Alltag vieler Menschen in Asien. Auch wenn Sie auf Ihren Reisen dort sicherlich genau das Gegenteil kennenlernen können.

„Intoleranz und Ausgrenzung, sozial und religiös motiviert beziehungsweise ineinander verwoben, gehören zum Alltag vieler Menschen in Asien.“

Die Einschätzung des heutigen Asiens fällt unter diesem Blickwinkel wenig ruhmreich aus, insbesondere wenn man die Situation der sozial Ausgegrenzten berücksichtigt. Deren täglicher Überlebenskampf verläuft in der Regel im Stillen, letztendlich ohne ehrliches Interesse der politischen Eliten in Asien und auch der Weltöffentlichkeit. Ein wichtiger Grund, Asiens Realitäten nicht nur unter Schlagworten wie »einflussreiche Wirtschaftsmächte« oder »Wachstum konsumfreudiger Mittelschichten« zu subsumieren. Das ist nur ein Ausschnitt der Wirklichkeit. Unbeachtet bleiben dabei die arm gemachten Menschen. In Asien leben immer noch mehr als 700 Millionen Menschen in extremer Armut, das sind zwei Drittel der absolut Armen weltweit! Tradierte soziale respektive ethnische Unterschiede und eklatante politische Defizite wie etwa Korruption bilden die Grundlage eines andauernden Ausschlusses der Armen von wirtschaftlicher, sozialer und politischer Teilhabe. Das betrifft insbesondere Frauen und Mädchen. Trotz des Wirtschaftswachstums und der ökonomischen Aufholjagd Chinas oder Südostasiens bestimmen heute krasse soziale Gegensätze die gesellschaftlichen Realitäten in Asien.

Ein Spaziergang durch eine mittelgroße indische Stadt spricht Bände. Je nach Jahreszeit sollten Sie auf Ihrem Spaziergang einen großen Regenschirm mit dabei haben, um sich vor dem Monsunregen zu schützen – falls Ihnen das gelingt, denn die

Niederschläge sind heute nicht nur erratischer als früher, sondern oft so stark, dass sie einen ebenso hilflos wie nass zurücklassen. Die Zeiten, in denen Bäuerinnen und Bauern in Asien (fast) auf den Tag genau vorhersagen konnten, wann der für ihre Felder so wichtige Regen einsetzen würde, sind vorbei. Der Grund: Kaum eine andere Weltregion spürt die Auswirkungen des Klimawandels so stark wie der asiatische Kontinent. Extremwetterereignisse nehmen zu, in manchen Regionen bleibt der Regen aus, in anderen führt er zu Überflutungen. Der Zugang zu Trinkwasser ist bereits heute für viele Menschen eine existenzielle Herausforderung (vgl. S. 62. ff).

Kontinent großer Naturkatastrophen

Das Primat der wirtschaftlichen Entwicklung, die zunehmende Ausbeutung von Rohstoffen, die Zerstörung von Naturflächen und steigender Energieverbrauch in Asien werden ohne Kursänderungen die bereits jetzt absehbaren Auswirkungen des Klimawandels verschärfen und Ressourcenkonflikte anheizen. Die Wälder sind sehr stark von Abholzung und Plantagenwirtschaft betroffen; damit geht nicht nur die Biodiversität verloren, sondern auch die Lebensgrundlage indigener Völker. Zudem gefährdet beispielsweise der Rohstoffabbau in der Mongolei die aus Sicht der Naturreligion herrschende Harmonie zwischen Mensch und ‚Mutter Erde' (vgl. S. 81 ff.).

Darüber hinaus wird Asien immer mehr zum Kontinent großer Naturkatastrophen. Trockenheit, Überflutungen und Taifune perpetuieren die sozialen Missstände, treiben immer mehr Menschen in Existenznot und fordern zahlreiche Menschenleben – heute und in Zukunft noch mehr. Mit ein Grund: Asien emittiert schon heute mehr als die Hälfte der jährlichen weltweiten Treibhausgase, insbesondere die Länder China, Indien und Indonesien. Ohne Kurskorrektur wird sich bis 2035 der Energiebedarf des Kontinents, vor allem in China und Indien, fast verdoppeln. Ursachen dafür sind das unablässig angestrebte wirtschaftliche Wachstum (auch für nach Europa exportierte Produkte) sowie die Konsumbedürfnisse und der Energieverbrauch einer kontinuierlich wachsenden Mittelschicht in Asien. In Indonesien resultieren die Emissionen überwiegend aus der Zerstörung der tropischen Wälder (vgl. S. 68 ff.). Inwieweit die Regierungen dieser drei Länder der damit einhergehenden zunehmenden globalen Verantwortung gerecht werden, wird sich zeigen. Obwohl

Asien zum größten Verursacher des Klimawandels aufsteigt, haben noch fast zwei Milliarden Menschen keinen Zugang zu moderner Kochenergie und sind primär auf das Verbrennen von traditioneller Biomasse wie Holz, Dung oder Landwirtschaftsabfällen angewiesen. Etwa 700 Millionen Menschen in Asien bleibt der Zugang zu Elektrizität verwehrt. Vor allem deshalb liegen die CO_2-Emissionen des Kontinents pro Kopf noch weit unter dem globalen Durchschnitt.

Es gibt viele weitere Schlaglichter, mit denen sich das Leben im heutigen Asien porträtieren lässt: Asien ist heute größtenteils ein junger Kontinent. Ab Mitte des 21. Jahrhunderts wird sich der demografische Trend ändern und zwei Milliarden Menschen werden älter als 60 Jahre sein. Neue Netzwerke sozialer Fürsorge werden dann notwendig, da das Sozialgefüge Familie immer häufiger auseinanderzubrechen droht: Die erwachsenen Kinder suchen anderswo eine Arbeit und sind oftmals gezwungen, Familien alleine zurückzulassen. Ein anderer Aspekt der demografischen Entwicklung, der sich verstärken wird, ist die Geschlechterkluft. Bereits heute ist es so, dass in Asien in jedem Geburtenjahrgang 1,3 Millionen Mädchen weniger als Jungen geboren werden, weil weibliche Föten gezielt abgetrieben werden.

Megatrend Urbanisierung: Alternative Konzepte und Ideen

Der globale Megatrend Urbanisierung findet vor allem in kleineren Städten statt. So wird der schon heute erkennbare sozio-ökonomische Strukturwandel enorm sein: Im Jahr 2050 werden mindestens 64 Prozent der asiatischen Bevölkerung in Städten leben, die Hälfte der dann weltweiten urbanen Bevölkerung (vgl. S. 87 ff.).

Der Kontinent, der so gerne als Hort ökonomischer Dynamik und sozialen Aufstiegs wahrgenommen wird, ist das Zuhause unzähliger Menschen, die von wirtschaftlicher Gerechtigkeit und Beteiligung bislang nur gehört haben. Der Mangel an wirtschaftlicher Gerechtigkeit ist wiederum die zentrale Ursache von vielfältigen Verteilungskonflikten.

Eine Lösung für die zentralen Herausforderungen in Asien zu finden und diese auch für die Marginalisierten Realität werden zu lassen, bedingt zuweilen den festen Glauben daran aufzubringen, dass auch scheinbar Unmögliches Wirklichkeit werden kann. Das eigene Leben in Unabhängigkeit selbst zu gestalten, so wie es viele Menschen in Europa kennen, mit Recht auf Wasser, Nahrung, Gesundheitsversor-

gung, Wohnen – alles nur unerreichbare Träume? Die gewagte Antwort heißt nein, denn es gibt bereits konkrete Erfahrungen, Alternativen und umsetzbare Ideen, das Leben und Zusammenleben neu zu gestalten. Ernährungssicherheit ist bereits heute dort gegeben, wo man es vielleicht gar nicht vermutet: Vielerorts in Asien schaffen es Kleinbäuerinnen und Kleinbauern unter widrigsten Bedingungen, einzeln und in Gemeinschaft, ihre traditionellen Mischkulturen zu beleben und weiterzuentwickeln (vgl. S. 75 ff). Solche Nutzungsformen, die sich durch große Ertragssicherheit, Diversifizierung der Systeme für die Sicherung es Lebensunterhalts und geringen Einsatz von Energie und Kapital auszeichnen, haben das Potenzial, die Ernährung der Bevölkerung zu sichern, die Resilienz und damit die Anpassung an den Klimawandel zu erhöhen und die Umwelt und (Agro-)Biodiversität zu schützen. Zugleich stärken sie die Chancen auf eine größere sozio-politische Teilhabe der Bauern und Bäuerinnen.
Die globale Bewältigung des Klimawandels und die zunehmende Urbanisierung manifestieren sich als zwei Megatrends, und beide mit einer Akzentuierung in Asien. Viele Länder müssen diesbezüglich nachhaltige, umfassende Konzepte entwickeln, die auch der weit verbreiteten Auffassung entgegentreten, dass Vertreibungen ein Instrument der Stadtentwicklung sein dürfen. Die Armen und von Vertreibung Bedrohten müssen und können in Städteplanungen einbezogen werden.

Mehr Chancen, Begegnungen und Toleranz

Die Menschen in Asien brauchen politische Freiheiten und an ihrer Seite (aber nicht an deren Stelle) Organisationen der Zivilgesellschaft, die sich für die Rechte der Menschen einsetzen. Für eine gerechte Zukunft sind alle aufgerufen, dabei mitzuhelfen, innovative und erfolgreiche Ansätze, die von den Erfahrungen marginalisierter Menschen ausgehen und von ihnen entwickelt wurden, Praxis werden zu lassen. Es geht auch darum, den Belangen der von Unrecht betroffenen Bevölkerungsgruppen mehr Gehör zu verschaffen und – wie es in Sri Lanka notwendig wäre – davon ausgehend Friedens- und Versöhnungsprozesse partizipativ und empathisch zu gestalten (vgl. S. 106 ff.).
Der Heimatkontinent der großen Weltreligionen braucht Unterstützung und Ermutigung für die Religionsvertreter(innen), die sich für Empathie, Toleranz, gegensei-

tiges Verständnis und ein friedliches Zusammenleben von Menschen unterschiedlichen Glaubens und ethnischer Herkunft einsetzen (vgl. S. 41 ff.). Die Menschen in Asien haben Chancen verdient, ihrer Begeisterung für mögliche Veränderungen Taten folgen zu lassen. Asien braucht Dialog, Begegnung und Toleranz – genauso wie wir Europäer(innen), wenn wir die Entwicklungen auf diesem Kontinent verstehen und begleiten möchten. Asien war und ist ein Kontinent der Gegensätze und wird es sicher noch einige Jahre bleiben: unvorstellbarer Reichtum einerseits und unbegreifliche Armut andererseits. Die Zukunft Asiens muss aber keine Fortschreibung der heutigen Verhältnisse sein. Und wenn man auf die Erfahrungen der Menschen hört, die bereits heute das Leben in Asien positiv verändern, wird sie das auch nicht.

Anmerkungen

(1) Zitiert nach: Tharoor, Shashi: Seventy Years After India Declared Independence, Where is it now? www.weforum.org vom 15. August 2017. Eigene Übersetzung.

(2) Nair, Chandran: Aktuelle Wachstumsdebatten in Asien. Warum sie am Kern vorbeigehen. In: Heinrich Böll Stiftung (Hrsg.): Asien. Mehr oder weniger? Wachstums- und Entwicklungsdebatten in Asien. Perspectives 2/2014, S. 4–9.

Welches Asien-Klischee stimmt (nicht)?

a) Heterogen, religiös, inspirierend, dynamisch, gastfreundlich, spirituell, faszinierend.

b) Uniform, sanft, prosperierend, verstörend, traditionell, verschlossen, unzugänglich.

Zur Autorin, zum Autor

a) Elisabeth Bially, geb. 1957, Diplom-Sozialpädagogin, leitet die Abteilung Asien und Ozeanien bei Misereor.

b) Ulrich Füßer, geb. 1962, Politikwissenschaftler, leitet die Abteilung Asien und Ozeanien bei Misereor.

Kontakt

Elisabeth Bially, Dr. Ulrich Füßer
Bischöfliches Hilfswerk Misereor e.V.
Abteilung Asien/Ozeanien
Mozartstraße 9
D-52064 Aachen
E-Mail Elisabeth.Bially@misereor.de, Ulrich.Fuesser@misereor.de

LICHT UND SCHATTEN

Während Europa noch seine mannigfaltigen Eindrücke und Wahrnehmungen von Asien sortiert, brodelt es auf dem Kontinent: Die Wirtschaftskraft wächst, gleichzeitig gerät die Demokratie in einigen Ländern immer stärker unter Druck. Millionen müssen vor Repression und Gewalt, aber auch vor Naturkatastrophen fliehen. – Was bedeutet für Asiat(inn)en Glück? Inwiefern kann die religiöse Vielfalt in Asien helfen, die sozialen und ökologischen Probleme zu lösen? Welche Rolle spielen NGOs im gesellschaftlichen Wandel?

Europäische Perspektiven auf Asien

Zwischen Verkürzung und Verklärung

Von Christoph Antweiler

Stereotype, Idealisierungen, Vorurteile – wie die Menschen in Europa auf den asiatischen Kontinent blicken, ist überaus vielschichtig. Eine zu stark polarisierende Sicht, die nur noch Unterschiede aufgreift, erstickt das wechselseitige Verständnis allerdings im Keim.

Sechs von zehn Menschen auf der Welt leben in Asien und der Kontinent ist kulturell extrem vielfältig. (1) Trotzdem wird Asien in europäischen Massenmedien, im Alltagsdiskurs, bisweilen auch in der Wissenschaft häufig als Einheit gesehen und ganz deutlich von Europa unterschieden. Duale Sichtweisen und binäre Begriffe wie „wir" und „sie" verstärken Kontraste. Eine solche Kontrastierung führt notorisch dazu, Gemeinsamkeiten mit dem anderen zu übersehen und die eigene (vermeintliche) Einheitlichkeit zu übertreiben, die eigene Vielfalt respektive Heterogenität abzumildern oder auszublenden. Asien erscheint dann als ein großer Erdteil, der ganz anders als Europa und sehr weit entfernt ist. Damit wird übersehen, dass Europa und Asien – anders als Afrika und Australien – rein physisch keine große Distanz trennt: Im Doppelkontinent Eurasien grenzt Asien über Tausende von Kilometern unmittelbar an Europa.

Faktisch bestehen zwischen den beiden Kontinenten seit Langem intensive Beziehungen. Asien war immer schon an und sogar in Europa – und umgekehrt. (2) Die wandelreiche Intensität des Austauschs hat unterschiedliche Asienbilder entstehen

lassen. Im 18. Jahrhundert, zur Zeit der Aufklärung, war die Wahrnehmung des großen Asiens im kleinen Europa noch recht positiv gefärbt, gleichwohl differenziert. Das Weltbild sah graduelle Unterschiede zwischen Kulturen vor. Erst im 19. Jahrhundert fasst Europa Asien deutlich stärker polarisierend auf, distanzierter, essentialistischer und auch eher negativ sowie teilweise rassistisch. (3)
Heute sind etliche Asien-Klischees und Vorurteile gang und gäbe. Immerhin hat Europa eine stärker differenzierte Wahrnehmung von Asien als von Afrika. Wird Afrika oft als Monolith aufgefasst, benennt man in Bezug auf Asien viel eher eine Teilregion wie Nord-, Ost-, Zentral- oder Hochasien oder ein Land. Gern werden in Medien, aber auch an Universitäten, einzelne Länder Asiens mit dem ganzen Kontinent Afrika verglichen, der 48 Nationen umfasst. Selbst wenn in Indien und China jeweils mehr Menschen als in ganz Afrika leben: Angesichts des Kaleidoskops der afrikanischen Kulturen und der teils enormen Unterschiede zwischen den Ländern ist der Vergleich alles andere als angebracht. (4)

Mind the Maps

Pauschale Feststellungen zu Asien werden gelegentlich als reine Imaginationen eingestuft. (5) Dem ist zu widersprechen, denn manche Vorstellungen bauen auf konkret erfahrbaren Realitäten auf, gleichwohl diese gern übertrieben werden. Asien ist faktisch der größte Kontinent der Welt und auch wenn sie nur in einigen Teilregionen stark konzentriert sind, leben dort tatsächlich sehr viele Menschen. Zieht man auf einer Weltkarte einen Kreis um Indien und China, also nur einen relativ kleinen Ausschnitt Asiens, leben innerhalb dieses Kreises genauso viele Menschen wie im ganzen Rest der Welt! Bei der Untersuchung von europäischen Perspektiven auf Asien geht es um mehr als nur um Vorurteile. Perspektiven beinhalten eine Fülle von gedanklichen, visuellen und affektiven Elementen, die von Psychologie, Ethnologie, Literaturwissenschaft und besonders in der Kunstgeschichte sowie in postkolonialen Studien untersucht werden.
Zunächst finden wir Eindrücke und Wahrnehmungen – etwa in der Aussage, Asien sei riesig. Daneben gibt es Metaphern und (Sprach-)Bilder, wie das vom „langsamen Asien" oder das der „schnellen Chinesen". Zudem bestehen negative Vorurteile, etwa wenn Asiat(inn)en als „undurchschaubar" oder „verschlagen" beschrieben

werden. Dem stehen positive Sichten bis zur Verklärung gegenüber, beispielsweise „Asiaten sind fleißig", „geduldig" oder „einfühlsam". Es existieren besondere Frauenbilder, wie das der „geschickten" oder „sanften Asiatin". Daneben gibt es weniger stark wertende Klischees respektive Stereotypen, etwa wenn Asiat(inn)en per se als „erfolgreich" bezeichnet werden. In vielen dieser Vorstellungen werden bestimmte Qualitäten gedacht und diese in unhistorischer Weise ohne Zeitangabe auf ganz Asien bezogen (Essentialisierung).

„Vorstellungen zu einem Land, besonders häufig zu Indien, China oder Japan, stehen gern pars pro toto für ganz Asien."

Von besonderem Interesse in Bezug auf das Verhältnis zwischen Europa und Asien sind Vorstellungen, die im engeren Sinne räumlich sind. Hierzu zählen gedankliche Raumbilder, also kognitive Karten, und räumlich orientierte Blickregime. Dann erscheint Asien etwa insgesamt als „Ferner Osten" oder Teile Asiens gelten als „Extremer Osten" (wie im französischen „Extrême Orient"). Solche Bezeichnungen für Teilräume des Kontinents begreifen Asien aus der räumlichen Warte Europas. Der „Nahe Osten" ist nur aus europäischer Sicht näher als der „Ferne Osten". Gleiches gilt für die älteren Begriffe „Vorderindien" (das heutige Südasien) und „Hinterindien", was heute zumeist als Festland Südostasiens bezeichnet wird. Südostasien liegt von Europa aus betrachtet ganz am Rande des Kontinents im Südosten. Für Australier(innen) hingegen ist Asien im Norden, weshalb die australische Asienpolitik unter dem Label Look North Policy, eine gen Norden gewandte Politik, geführt wird.

Solche kognitiven Karten werden von in den Massenmedien verbreiteten Karten befördert. So ist etwa Samuel Huntingtons Modell des „Clash of Civilizations" vor allem durch seine Weltkarte der acht Makrokulturen (eigentlich Religionen) populär geworden. (6) Karten sind notwendige didaktische Mittel und als wissenschaft-

liche Modelle nützlich, aber sie formen eben auch politisch wirksame Bilder im Kopf. Asienbilder sind damit ein Thema der politischen Geografie sowie der politischen Ökologie, denn Raum wird hier eminent politisch – mind the maps, bedenke die Karten.
Weit verbreitet in Europa ist eine Sicht, die Asien als Kontinent auf ein viel kleineres Gebiet schrumpfen lässt. So wurde in der Kolonialzeit unter Asien oft nur der Ferne Osten verstanden. Seit etwa 20 Jahren ist es in den westlichen Ländern, und insbesondere in Wirtschaftskreisen, üblich geworden, Asien auf die wirtschaftlich erfolgreichen Länder in Ost- und Südostasien zu reduzieren. Damit bleibt der räumlich größere Teil Asiens – der Westen, Süden und die nördlichen Teile Asiens, etwa das riesige Sibirien – außen vor. Diese auf den wachstumsstarken Osten verengte Sicht wird durch das ökonomische Aufstreben Chinas derzeit noch gefördert. Interessant ist, dass dieses geschrumpfte Bild auch in Asien selbst verbreitet ist, besonders in Südostasien und Japan.
Die genannten Asienbilder Europas zeigen einige Muster, die wir von anderen Kontinenten aus der Geschichte kennen. Zum einen sind Bilder mit Gendervorstellungen verknüpft. So wurde Lateinamerika allegorisch oft als zu erobernde Frau dargestellt. Wie Frauen in Asien leben, wird gern an der vom Mann unterdrückten Inderin festgemacht. Darin steckt ein zweites typisches Muster: Vorstellungen zu einem Land, besonders häufig zu Indien, China oder Japan, stehen pars pro toto für ganz Asien. Ein drittes Muster sind Metaphern für den Kontinent, die Asien als Tier benennen. Erfolgreiche Länder Ostasiens werden als „asiatische Tiger" oder „Panther" bezeichnet, Indien als „starker Elefant".

Asien – Europas Gegenpol?

Wenn wir von der „westlichen Sicht", oder vorsichtiger, von „westlichen Perspektiven" sprechen, bleibt oft unklar, was mit „Westen" eigentlich gemeint ist. (7) Der Westen kann das historische Kerngebiet Europas bedeuten, den Mittelmeerraum. Andere sehen in dem Begriff eher das freie Europa oder den Kernraum wirtschaftlicher Dynamik per se. Andere Auffassungen gehen von einer Perspektive aus Europa und Nordamerika aus und verbinden diese mit Rationalität und Modernität. Eine westliche Sicht kann aber durchaus auch eine japanische sein. Als modernes

Land gilt Japan manchen Menschen in Asien als westliches Land. Viele Japaner(innen) wiederum halten ihre eigene Kultur für eine ganz besondere Zivilisation und sehen sich selbst explizit nicht als Asiat(inn)en.

Wird eine polarisierende Wahrnehmung extrem, geraten das Andere oder die Anderen schnell zum Gegenteil des Eigenen. Konkret: Die kontrastverstärkende Ausrichtung Asien versus Europa führt im Extrem oft zu einer Sicht auf andere Menschen oder Kulturen, die nur noch Unterschiede aufgreift. Asiens Menschen und Kulturen werden dann als „ganz anders" dargestellt, Asien wird zum Gegenpol Europas stilisiert. Das kann durchaus in positiver Weise geschehen, wenn etwa „westliche Hektik" mit „asiatischer Gelassenheit" therapiert wird. Strukturell gesehen ist dies eine Perspektive, die dem entspricht, was man Orientalismus nennt. Solch ein Orientalismus beinhaltet fast immer eine plakative Sicht auf den „Westen". Ein derartiger Okzidentalismus findet sich leider auch bei manchen Kritiken des Orientalismus aus den postkolonialen Studien.

Was den klaren Blick trübt

Damit sind wir bei einem zentralen Faktor hinsichtlich der Entstehung europäischer Vorstellungen von Asien. Sie gehen zum großen Teil auf die Zeit der Entdeckungen und die Phase des späten Kolonialismus und Imperialismus zurück. Dies betrifft positive Bilder von asiatischen „Hochkulturen" und die insbesondere deutsche Idealisierung der „tiefen Religiosität der Inder(innen)" ebenso wie dämonisierende Stereotype wie das des „asiatischen Despoten" und das Gefühl der Bedrohung Europas durch Asien und „die Asiat(inn)en" aufgrund der schieren Größe und Bevölkerungsmasse des Kontinents. Unter den vielen heutigen Quellen für die Entwicklung von Asienbildern sind Kinder- und Schulbücher, populärwissenschaftliche Literatur, Unterhaltungsserien, Fernsehdokumentationen und Popmusik.

Vorstellungen und Bilder können sich im eigenen Verhalten niederschlagen und negativ auswirken, ob in den Bereichen internationale Beziehungen, transkontinentale Wirtschaft oder auch in der Entwicklungszusammenarbeit. Ein aktuelles Beispiel sind manche Reaktionen auf Chinas Initiative Neue Seidenstraße (ein wirtschafts- und geopolitisches Megaprojekt, mithilfe dessen Peking ein Handelsnetzwerk zwischen Asien und Europa spannen will), die diese als reine Überwältigungsstrategie wahrnehmen. Viele Menschen in Europa verbinden Asien vor allem mit China, mit Wirtschaftswachstum und mit Ängsten vor wirtschaftlichem Abstieg. Aber auch idealisierende Asienbilder, wie der mittlerweile unvermeidliche Buddhismus-Konsum oder die bis vor Kurzem geradezu hymnische Verehrung von De-facto-Präsidentin Aung San Suu Kyi als sanftem Gegenpart zu den bösen männlichen Tyrannen aus Myanmars diktatorischer Vergangenheit (vgl. S. 100 ff.) können den klaren Blick trüben.

Menschen verschiedener Kulturen leben nicht in verschiedenen Welten, sondern verschieden in der einen Welt.

Anmerkungen

(1) Evans, Grant (Hrsg.) (1993): Asia's Cultural Mosaic. An Anthropological Introduction. New York.
Scupin, Raymond (Hrsg.) (2006): Peoples and Cultures of Asia. New Jersey.
(2) Mason, Colin (2014): A Short History of Asia. Houndmills & New York.
Krieger, Martin (2009): Geschichte Asiens – Eine Einführung. Köln.
(3) Osterhammel, Jürgen (1998): Die Entzauberung Asiens. Europa und die asiatischen Reiche im 18. Jahrhundert. München.
(4) Vgl. politische ökologie Band 141 (2015): Afrika. Kaleidoskop der Möglichkeiten. München.
(5) Spivak, Gayatri Chakravorty (2008): Other Asias. Malden et al.
(6) Huntington Phillips, Samuel (1996): The Clash of Civilizations and the Remaking of World Order. New York.
(7) Lewis, Martin/Wigen, Kären (1997): The Myth of Continents. A Critique of Metageography. Berkeley.

Welches Asien-Klischee stimmt (nicht)?

Dieses Klischee trifft die Realität: Menschen aus Asien sind stark auf Hierarchie hin orientiert.

Zum Autor

Christoph Antweiler, geb. 1956, ist stellv. geschäftsführender Direktor des Instituts für Orient- und Asienwissenschaften an der Universität Bonn.

Kontakt

Prof. Dr. Christoph Antweiler
Rheinische Friedrich-Wilhelms-Universität Bonn
Institut für Orient- und Asienwissenschaften
E-Mail christoph.antweiler@uni-bonn.de

Vier Fragen – neun Antworten aus der Mongolei, Indien und Myanmar

Aus dem Nähkästchen geplaudert

In Europa kursieren noch immer eine Menge klischeehafter Vorstellungen über das Leben und die Menschen in Asien. Deshalb haben wir einige Asiat(inn)en persönlich nach ihren Werten und Einstellungen gefragt. Wir wollten wissen, was für sie Glück ist (1), was ihnen die Natur bedeutet (2), worauf sie verzichten können (3) und welche Unterstützung sie sich von reichen Nationen wünschen (4).

Bolortuya Monkhor, 36, Lehrerin für mongolische Sprache und Kultur, ledig, wohnt in Ulaanbaatar, Mongolei

1. Glück ist für mich, wenn mir etwas Gutes passiert, dann ist es unerwartet. Für mich ist Glück, eine gute Arbeit zu haben.

2. Natur bedeutet für mich: keine Luftverschmutzung, reines Trinkwasser, saubere Umgebung und Gemeinden.

3. Verzichten kann ich auf Korruption in der Regierung und Luftverschmutzung.

4. Wir brauchen reiche Länder, um unsere Wirtschaft anzukurbeln, um den Lebensstandard verbessern und eine eigene Produktion aufbauen zu können. Besonders im medizinischen Bereich ist sehr viel Unterstützung von außerhalb nötig. Unsere Ärzte sind schlecht ausgebildet, medizinische Versorgung kostet viel Geld und nur reiche Leute können sich eine gute medizinische Betreuung leisten.

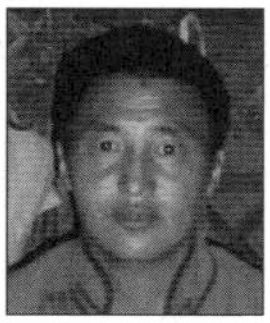

Batbileg Tserenbal, 40, Viehzüchter, verheiratet, wohnt in Shuwuu, Mongolei

1. Glück bedeutet für mich gesund zu leben und gesunde Kinder zu haben.
2. Die Natur ist das Klima, unser Mutterland und Lebensraum.
3. Ich brauche keinen Alkohol - Alkohol ist Sucht, Schwäche!
4. Ich würde meine Kinder gerne zum Studieren ins Ausland schicken, sie sollen eine bessere Bildung bekommen. Außerdem hätte ich gerne Hilfe und Beratung für eine effektive Viehzucht, um unseren Lebensstandard zu erhöhen.

Amarsaikhan Amarjargal, 35, Kraftfahrer, verheiratet, wohnt in Ulaanbaatar, Mongolei

1. Glück ist für mich die Familie und gesunde Kinder.
2. Natur bedeutet für mich: der Wald, der tiefe Ozean und saubere Luft.
3. Ich brauche keinen Alkohol und keine Zigaretten.
4. Wir brauchen Hilfe bei der Beseitigung der Umwelt- und Luftverschmutzung, beim Schaffen von bezahlbarem Wohnraum, bei Technologietransfer, Ausbildung und Gesundheitsversorgung. Man muss mehr in die Jugend und deren Bildung investieren.

Die Interviews in der Mongolei führte und übersetzte Jan Felgentreu

Mumtaz Qureshi, 35, mehrere Jobs als Reinigungskraft, ledige Muslima, lebt mit ihren Eltern, zwei Brüdern, deren Ehefrauen und zwei Neffen in Mumbai, Indien

1. Glück bedeutet für mich, dass ich mir etwas leisten kann, wenn der Bedarf dafür da ist. Bei so vielen Ausgaben jeden Monat ist es schwer, etwas zu sparen für all die Dinge, die ich eigentlich benötige. Schöne Kleidung und die Gesellschaft von guten Freunden würden mich glücklich machen.
2. Manchmal gehe ich mit meinen Neffen in den Park, aber ich denke nicht viel über die Natur nach.

3. Ich kann auf viele Dinge verzichten. Ich komme ohne Motorroller aus, ich brauche auch kein schickes Oberteil aus einer der Shoppingmalls. Häufig muss ich auf Milch verzichten, da sie sehr teuer ist und andere Dinge für die Kinder vorgehen.
4. Reiche Länder könnten uns mit Krediten für Kleinunternehmer unterstützen. Ich würde gern mein eigenes Geschäft aufmachen, aber ich habe dafür kein Geld. Wenn wir Geld bekämen, würde es viele von uns selbständig und unabhängig machen.

Anuja Churi, 26, Englischlehrerin an einem Coaching-Institut, ledige Hindu, lebt in Mumbai, Indien, und überweist regelmäßig Geld an ihre Familie

---

1. Glück bedeutet für mich, das Beste aus mir herauszuholen und mein Potenzial auszuschöpfen.
2. Ich bin ziemlich abgeschnitten von der Natur, jetzt, da ich in der Stadt arbeite. Aber früher, wenn ich mal traurig war, hat es mir sehr geholfen, in der Natur zu sein.
3. Ich kann zu meiner Arbeit laufen, ich wohne nicht weit entfernt, doch ich fahre mit der Rikscha, obwohl ich darauf verzichten könnte.
4. Andere Länder könnten Schulen und Colleges in Indien finanzieren und unterstützen. Das würde langfristig mehr Schülerinnen und Schülern sowie Studierenden einen Schul- und Universitätsabschluss ermöglichen. Eigentlich sollte ich ein Stipendium aus dem Ausland erhalten, aber dann bekam ich es doch nicht – und hätte es dringend gebraucht.

Colleen Chinoy, 56, Parsin, lebt mit ihrem Mann und ihren zwei Kindern in Mumbai, Indien

---

1. Glück ist für mich Frieden, Liebe und Freude: Meine Kinder bedeuten für mich Glück. Ich liebe es außerdem zu tanzen, das ist Nahrung für meine Seele. Seit zwölf Jahren besuche ich Tanzkurse bei Shiamak Davar, einem berühmten Tanztrainer in Indien.

„Ich hätte gerne Hilfe und Beratung für eine effektive Viehzucht, um unseren Lebensstandard zu erhöhen."

Batbileg Tserenbal aus der Mongolei

2. Ich liebe es, Natur um mich zu haben. In meiner Wohnung habe ich viele Pflanzen. Das ist mir sehr wichtig. Wir besitzen außerdem einen Bungalow in Pune [zweitgrößte Stadt im indischen Bundesstaat Maharashtra nach Mumbai, Anm. der Redaktion], der mitten im Grünen steht. Die Natur ist für meine innere Harmonie sehr wichtig.

3. Ich denke, ich kann auf den Schnickschnack im Leben verzichten. Ich brauche ein Auto und ich brauche auch meine Freunde, aber vielleicht kann ich auf die Designerhandtaschen verzichten und den Markenkram.

4. Reiche Länder sollten Bildungschancen für die junge indische Bevölkerung eröffnen. Zum Beispiel können sich Menschen innerhalb der Europäischen Union ohne Probleme bewegen, um in einem anderen Land zu studieren. Für unsere Kinder ist es schwierig, an einem anderen Ort zu studieren. Das zu erleichtern, würde für uns eine große Verbesserung bedeuten, denn so könnten unsere Kinder mit einer besseren Bildung aus dem Ausland zurückkehren und Gutes für unser Land tun.

Die Interviews in Indien führten und übersetzten
Benazir Lobo Bader und Subhadra Kaul

Sai Sam Kham, 40, Direktor einer NGO, ledig, wohnt in Rangun, Myanmar

1. Glück bedeutet frei zu sein von physischem, mentalem und materiellem Leiden. Die Grundbedürfnisse müssen befriedigt werden. Aber es gibt auch strukturelle Voraussetzungen für Glück. Wir brauchen Fairness und Gerechtigkeit, nicht nur auf individueller Ebene, sondern auch auf sozialer, politischer, wirtschaftlicher, und ökologischer Ebene. Apropos Fairness

„Die Natur ist für meine innere Harmonie sehr wichtig.“

Colleen Chinoy aus Indien

und Gerechtigkeit: Schauen wir doch, was mit unseren Minderheiten, den Rohingya und den Kachin, passiert. Im Buddhismus in Myanmar sprechen wir über inneren und äußeren Frieden, uns ist Harmonie sehr wichtig und wir versuchen Konflikte zu vermeiden. Einige sagen, das könnte eventuell einer der Gründe für die lange Diktatur sein.

2. Ich bin Teil der Natur. Die Natur ist Teil von mir. Mein Wohlbefinden, das der Gesellschaft und das der Natur sind miteinander verbunden. Die Menschen denken, dass wir die Natur ausbeuten und immer noch glücklich sein können. Myanmar plant viele Kohlekraftwerke zu bauen. Kohlekraftwerke tragen direkt zum Klimawandel und zur Umweltzerstörung bei. Das bedroht unsere Ernährungssicherheit. Der Klimawandel verursacht Überflutungen und Dürren. Aus diesen Naturkatastrophen werden Konflikte entstehen. Es ist frustrierend: Die Regierung spricht von Frieden, aber sie ignoriert den Klimawandel. Sogar die Friedensaktivisten runzeln die Stirn. Was hat Frieden mit dem Klimawandel zu tun? Die Armee sagt, wir schützen die nationale Sicherheit, sieht aber nicht die Auswirkung der Umweltzerstörung.

3. Das Fundament, auf dem der Staat in Myanmar aufgebaut wurde, ist Nationalismus. Darauf kann ich verzichten. Der Buddhismus sagt, wir sollen nicht töten und andere Menschen nicht berauben. Welche Art Buddhismus soll der neue nationalistische Buddhismus in Myanmar sein? Im Hinblick auf die Demokratie sollten wir sie nicht einfach als die Lösung all unserer Probleme sehen. Die Menschen denken, wegen der Diktatur ist alles schlecht – mit der Demokratie wird alles gut. Wir sollten realistischer sein. Demokratie in Asien hängt stark von den Persönlichkeiten ab. Schauen wir auf Thailand und Indien mit der Gandhi-Dynastie und Modi, der Hindu-Nationalist ist. [Narendra Modi ist Indiens Premierminster, Anm. der Redaktion] In Myanmar haben wir die Aung-San-Dynastie. Die Menschen unterstützen

die De-facto-Präsidentin Aung San Suu Kyi wegen ihres Vaters. Diese Art der Demokratie ist sehr gefährlich. Die Institutionen sind schwach. Wir brauchen einen strukturellen Wandel.
Ich habe mich in der NGO-Arbeit engagiert, weil ich dachte, ich kann damit Gutes tun. Nun erkenne ich, dass ich bescheidener sein muss. Wir scheitern an strukturellen Barrieren. Wir sind nicht diejenigen, die entscheiden. Wir können einen Rat geben, aber wir können nicht Politik machen.
4. Es wäre hilfreich, wenn die reichen Länder mehr reflektieren würden. Was sind die Auswirkungen ihrer Philosophie, Aktionen und Systeme? Sie können viele Produkte kaufen, wir müssen die Kosten tragen. Entwicklungshilfe ist eine sehr nette Geste der reichen Länder. Aber wenn das Geld von Industrien wie der Waffenindustrie kommt, ist sie fragwürdig. Ein Mitglied des deutschen Außenministeriums hat mich gefragt, ob Myanmar immer noch Landminen einsetzt. Ich fragte zurück, ob die deutsche Industrie immer noch Landminen verkauft. Reduziert euren politischen, ökonomischen und ökologischen Fußabdruck! Wenn ihr schädliche Produkte exportiert, denkt an die Auswirkungen auf eure Brüder und Schwestern in der Welt.

Daisy Ki Mu, 37, Sozialarbeiterin, ledig, lebt in Rangun, Myanmar

1. Ich bin glücklich, wenn ich anderen helfen kann. Ohne dass ich Erwartungen an sie stellen würde. Ich fühle mich glücklich, wenn ich frei von Sorgen und Angst bin. Denn wenn ich mich sorge, kann ich nicht frei denken. Ich kann mit anderen glücklich sein. Ich bin glücklich, wenn ich mit jemanden zusammen bin, den ich liebe oder mit jemanden, der mich liebt.
2. Als ich in Bangkok am Asian Institute of Technology (Asien-Institut für Technologie) studierte, fuhren wir viel mit dem Fahrrad. Auf dem Campus standen viele Bäume und er war umgeben von einem Wassergraben. Viele Tiere lebten dort, zum Beispiel Eidechsen. Ich liebte es in dieser Umgebung zu arbeiten. Die grünen Orte geben uns inneren Frieden und machen uns frisch. In den Städten sind die Menschen hektisch. Es gibt keine Zeit, um

sich auszuruhen. Immerhin habe ich Glück, denn mein Bürogelände befindet sich an einem grünen Ort. Wir haben einige Parks in Rangun. Manchmal gehe ich nach der Arbeit mit Kollegen in den Park. Natur ist wichtig für die Menschen. Wir brauchen mehr Parks in den Städten – zur Erholung und für soziale Aktivitäten. In meinem Land sind viele Wälder abgeholzt worden und verschwunden. Den Wald wieder aufzuforsten ist schwierig und braucht viele Jahre. Aber wir müssen es tun.

3. Ich brauche keine moderne Technologie. Ich hänge nicht so an diesen Dingen. Ich brauche nicht das neueste iPad oder iPhone. Ein billigeres Modell reicht mir. Glücklicherweise lebe ich in der Nähe meines Arbeitsplatzes. Wenn ich irgendwohin muss, nehme ich den Bus. An Luxus bin ich nicht interessiert. Ich lebe in einem kleinen Appartement, ich brauche kein schickes Haus. Aber natürlich brauche ich etwas Geld, um zu überleben.

4. Ich würde mir mehr Unterstützung für Bildung wünschen. Auch für mich hätte ich mir eine bessere Bildung gewünscht. Wir brauchen bessere Forschungs- und Ausbildungsstätten. Die Regierung hat gerade erst damit begonnen, die Sozial- und Politikwissenschaften an den Universitäten zu etablieren. Es wäre gut, wenn das Ausland sie darin unterstützen würde. In der sozialen Forschung sollte es um eine umfassende menschliche Entwicklung gehen. Ich glaube, auf diesem Weg würden wir es zu besseren Führungspersönlichkeiten für unser Land bringen. Solche, die die Gefühle der anderen verstehen und deshalb bessere Entscheidungen treffen können.

U Toh, 74, arbeitsloser Bildhauer/Bildschnitzer, ledig, lebt in Rangun, Myanmar

1. Glück bedeutet, in Ruhe leben zu können. Meine glücklichste Zeit war die, als ich in einem Dorf mit einem bescheidenen Einkommen lebte. Es reichte für mich. Ich unterrichtete jeden Tag die Kinder, durchstreifte die Landschaft und den Dschungel. Ich dachte viel nach und las alles, was ich in englischer und burmesischer Sprache in die Finger bekam.

2. Ich bin Teil der Natur. Ich bin als Mensch geboren, nun bin ich alt und muss dem Tod ins Auge blicken. Das bedeutet Natur. Das macht mich nicht

> **„Wir brauchen Fairness und Gerechtigkeit, nicht nur auf individueller Ebene, sondern auch auf sozialer, politischer, wirtschaftlicher und ökologischer Ebene."**
>
> Sai Sam Kham aus Myanmar

glücklich, aber ich habe es zu akzeptieren. Der Regen ist Natur. Der Wind ist Natur. Die Hitze ist Natur. Ich akzeptiere sie, auch wenn sie ermüdend ist. Letzte Woche besuchte ich einen Freund, der außerhalb von Rangun ein Stückchen Land mit Bäumen besitzt. Jetzt hat er die Bäume gefällt, um Gemüse anzubauen. Spöttisch sagte ich zu ihm: „Du hast das Haus der Vögel zerstört und pflanzt dieses unnütze Gemüse. Für deinen Profit zerstörst du die Natur und die Schönheit der Umwelt." Während meines Lebens hat Rangun viel an Natur verloren. Wir hatten eine Menge Seen, die von Vögeln bevölkert waren. Dort wo ich lebte, in Bahan Township, gab es sechs Seen. Als Junge liebte ich es, in den Seen zu schwimmen. Sie alle wurden für neue Gebäude aufgeschüttet. Nur einer, der Horseshoe Lake, blieb teilweise erhalten. Aber heute sind seine Ufer den Reichen vorbehalten und für die Öffentlichkeit nicht mehr zugänglich.

Ich möchte die Natur behalten. Aber selbst in unseren Tigerreservaten leben keine Tiger mehr. Nicht mal eine Ratte kann sich darin verstecken, weil es keine Bäume mehr gibt. In nur 20 Jahren ist ein Kahlschlag erfolgt. Ich liebe die Natur und wünschte mir, meine Freunde würden sie genauso lieben. Aber viele meiner Freunde in meiner Gemeinde verstehen das nicht und finden es lächerlich. Ich lebe in einer armen städtischen Gemeinde und meine Freunde sind nur wenig gebildet. Sie verehren das Geld und selbst in der Ausübung ihrer Religion spenden sie nur Geld mit dem Ziel, mehr Geld zu erhalten.

3. Ich führe einen bescheidenen Lebensstil, weil ich muss. Ich mag Menschen mit einem bescheidenen Lebensstil wie Abraham Lincoln, Mahatma

Gandhi, General Aung San oder Ho Chi Minh. Ich brauche keine Unterhaltung und Sportveranstaltungen. Sie sind mit Glücksspiel verbunden und das verabscheue ich. Glücksspiel macht die Menschen arm. Ich hasse elektrisch verstärkten Sound. Schauen Sie sich die Begräbniszeremonien an. Die Begräbnisse der Christen und Muslime sind sehr ruhig. Die buddhistischen Beerdigungen sind sehr laut. Christen und Muslime behandeln den toten Körper mit Respekt. Für uns buddhistische Burmesen ist der Körper wertlos. Wir müssen die Toten nicht bedauern. Deshalb sind buddhistische Begräbnisse laute, pompöse Veranstaltungen. Burmesen lieben den Spaß, selbst wenn sie leiden. Aber ich persönlich mag die lauten, spaßigen Dinge nicht. Ich liebe die Ruhe. Ich kann ohne Unterhaltung leben, aber ein Leben ohne Literatur wäre ein langweiliges Leben.

4. Ich selbst habe nicht so viel Bildung erhalten, wie ich mir wünschte. Ich hätte gern, dass die Menschen, vor allem die junge Generation, eine bessere Bildung bekommt. Dass sie mehr lesen! Aber Entwicklung ist von der Art der Regierung abhängig. Wir brauchen eine demokratische Regierung. Die Lady [Präsidentin Aung San Suu Kyi, Anm. der Redaktion] ist meine Hoffnung – sie ist unsere Hoffnung.

Die Interviews in Myanmar führte Ralf Symann,
übersetzt von Elisabeth Bially und Birgit Gerhards

Asiens religiöse Erfahrungen und Ressourcen

In gemeinsamer Mission

Von Felix Wilfred

Glaube und Erdverbundenheit sind stark im asiatischen Dasein verwoben. Die religiösen Traditionen der Region bieten ein enormes Potenzial, um den Herausforderungen der heutigen Zeit zu begegnen und das aus den Fugen geratene Verhältnis zwischen Mensch und Natur zu harmonisieren.

Wenn der Tag anbricht und die Sonne aufgeht, hört man den Ruf des Imam vom Minarett der benachbarten Moschee, die Rezitation von Mantras und Gebeten aus den Hindutempeln, das Läuten der Kirchenglocken und man sieht buddhistische Mönche auf ihrem Weg zum Gesang in den Pagoden sowie Menschen, die an Flussufern oder in üppig grünen Parks meditieren. Dies ist eine typische Szene, wie sie sich in vielen Ländern Asiens abspielt, wo die Menschen ihren Tag mit Göttern und Göttinnen beginnen. Auch wenn man nicht besonders religiös ist, kann sich das Individuum dem Göttlichen schwer entziehen. Die gesamte Umgebung ist religiös aufgeladen und der Rauch des Kampferfeuers und Weihrauch sind bis in die hintersten Ecken und Winkel zu riechen, sie dringen aus den Gebetsräumen in den Wohnhäusern und stammen von kleinen, an den Straßenrändern errichteten Altären und Schreinen.

Die Szenerie braucht uns nicht zu überraschen, schließlich hat jede große Weltreligion ihren Ursprung in Asien: Christentum, Islam, Hinduismus, Buddhismus und Taoismus. In der Region sind außerdem noch weitere Religionen wie Judentum, Zoroastrismus, Jainismus und die Sikh-Religion verbreitet. Für deren Anhänger(innen) zählen nicht so sehr die jeweiligen Doktrinen, sondern vielmehr die Praktiken und Rituale, die ihnen den Zugang zu einer symbolischen Ebene ermöglichen. Sie bereichern ihr tägliches Leben sowie ihre Einstellung zum Leben und zur Gemeinschaft, sie werden akribisch befolgt und von Generation zu Generation weitergegeben. Würde eine säkulare Person diesen Menschen sagen, dass das, was sie tun, religiöse Handlungen und deshalb Privatsache sind und dass sie nichts mit den öffentlichen Bereichen Politik, Handel, Wirtschaft, Wissenschaft und Technologie zu tun haben sollten, wäre das nicht nur ein Ausdruck gedankenloser Ignoranz gegenüber diesen Gläubigen. Tatsächlich wäre es eine massive Kritik an deren ganzheitlicher Betrachtungsweise des Lebens, in dem die Religion ein integraler Bestandteil ist. Das gilt für viele Menschen in Asien, unabhängig von ihrer Religion, ihrer sozialen Schicht, ihres Bildungshintergrunds oder ihrer Kaste. Ich möchte betonen, dass es mir nicht darum geht, ein romantisches Bild des asiatischen religiösen Lebens zu zeichnen. Ich bin mir der religiösen Konflikte, die so viel Gewalt in Asien hervorgerufen haben, sehr wohl bewusst. Jüngster Fall ist die Vertreibung der Rohingya-Muslime aus Myanmar, einer traditionell buddhistischen Nation - auch, aber nicht nur ein religiöser Konflikt (vgl. S. 100 ff.). Die Marktwirtschaft, der Geist des Wettbewerbs und politische Machenschaften haben religiöse Konflikte in Asien in einer beispiellosen Art verschärft. Deshalb ist mir wichtig, die positiven mit Religion erfüllten Elemente im täglichen Leben der asiatischen Völker aufzuzeigen sowie das Potenzial ihrer religiösen Traditionen und die Bedeutung ihres Zusammenwirkens für die Gestaltung einer gerechten, friedlichen Welt und einer intakten Umwelt.

Der Geist des religiösen Gebens und Nehmens

Die modernen Wolkenkratzer und der beeindruckende technologische Fortschritt, die asiatische Städte zur Schau stellen, könnten den trügerischen Eindruck erwecken, dass Religion in Asien an Bedeutung verliert. Dabei finden hinter diesen Fassaden und im Alltag noch immer sehr viele religiöse Handlungen statt. Die Jahrtausende alte Erfahrung von Religion hat dem Geist und den Herzen der Asiat(in--n)en einen Sinn für das Sakrale eingegeben, der geschätzt und respektiert wird, unabhängig davon, welcher Religion der geheiligte Raum oder der ausgeübte Ritus zugehören. Hierin besteht das Grundgefüge für religiöse Toleranz, die keine erlernte Verhaltensweise oder kultivierte Fähigkeit ist, sondern etwas, das von Geburt an verinnerlicht ist und die Gläubigen das ganze Leben begleitet. Die Menschen müssen weder darin unterrichtet werden, andere Religionen zu respektieren, noch braucht es gezielte Maßnahmen, um interreligiöses Verständnis zu fördern. Es liegt gleichsam in der Luft, die sie atmen. Toleranz ist ein viel zu schwaches Wort, um den tief empfundenen Respekt für die Heiligkeit des religiösen Universums auszudrücken.

„Die asiatischen Religionen lehren uns Habgier und Konkurrenz zu vermeiden, die den Menschen versklaven und seinen Mitmenschen Schaden zufügen."

Die Geschichte der religiösen Traditionen Asiens weist keine starren Grenzen auf, sondern vielmehr fließende Übergänge; Religionen sind in jeder Hinsicht offen und durchlässig. Sie sind bereit, anderen religiösen Traditionen eigene Elemente zu geben und vom Fremden zu lernen und es in die eigenen religiösen und spirituellen Praktiken zu integrieren. Das schafft eine tiefe religiöse Verbundenheit. Der Geist des religiösen Gebens und Nehmens hat Asien im Laufe seiner Jahrtausende alten Geschichte geprägt: In China hat sich der Buddhismus, der aus Indien eingeführt wurde, mit dem Taoismus, der lokalen Ursprungs ist, in vielen Ritualen und Verehrungen stark vermischt. In taoistischen Tempeln lässt sich beobachten, wie sich Anhänger(innen) vor einen Altar Buddhas drängen, während die Besucher(innen) buddhistischer Tempel ihre Verehrung taoistischer Gottheiten ausdrücken. In Indien strömen nicht nur Christ(inn)en zu dem berühmten Marienschrein in Vailankanni in Tamil Nadu, sondern auch regelmäßig Hindus und Muslime. Nicht weit entfernt von Vailankanni besuchen Menschen unterschiedlicher Religionen Nagore Dharga, die Grabstätte des als heilig verehrten Sufi Nagore Shahul Hamid. An allen diesen heiligen Stätten finden vielfältige religiöse Praktiken statt, etwa das Rasieren des Schädels und das Durchstechen der Ohren oder das Darbringen von Opfergaben wie Silberradierungen und Kokospalmsetzlingen. So praktizieren und erfahren Gläubige aller asiatischen Religionen im rituellen Bereich Solidarität und Einheit mit den Gläubigen anderer Religionen.

Gier erzeugt nur noch mehr Gier

Wissentlich oder unwissentlich zeichneten viele westliche Gelehrte der Kolonialzeit ein verzerrtes Bild der nicht-christlichen religiösen Traditionen Asiens. Behauptet wurde etwa, dass die nicht-christlichen Religionen von der Welt abgewandte Religionen seien. Diesem naiven Blick, den einige im Westen immer noch verbreiten, ist entgegenzuhalten, dass der Hinduismus sich sehr wohl um die Geschehnisse in der Welt sorgt. Materielle Belange und Reichtum (artha) waren eines von vier Lebenszielen, die anderen waren legitimes weltliches Vergnügen (kama), rechtschaffener Lebensstil (dharma) und die endgültige Befreiung (moksa). Der erleuchtete Buddha verfügte, dass die Menschen dem Mittelweg (madhyamapratipad) folgen und Extreme wie extreme Armut und Selbstkasteiung, aber auch übermäßiges sinnliches Vergnügen meiden sollten. Die asiatischen Religionen lehren uns nicht, die materiellen Lebensgrundlagen zu leugnen, sondern Habgier und Konkurrenz zu vermeiden, die den Menschen versklaven und seinem Mitmenschen Schaden zufügen. Gier erzeugt noch mehr Gier und unglücklicherweise sind es die Armen der Welt, die heute einen enormen Preis für die Raffsucht der Geldhaie und Spekulant(inn)en zahlen müssen. In diesem Kontext werden wir gewahr, wie wichtig es ist, auf die Weltreligionen und ihre Botschaft zur Gestaltung der zukünftigen Welt zu hören.

Alle asiatischen Religionen stimmen in der tiefen Weisheit überein, dass die übertriebene Bindung an Reichtum für das Individuum und die Gesellschaft schädlich ist. Habgier (lobha) und Gewinnsucht (aparigraha) betrachten einige Strömungen indischer religiöser Tradition als Gegenkräfte zum Aufruf zu einem rechtschaffenen Leben (dharma). Der Buddhismus spricht von unstillbarem Durst (trishna) nach Reichtum, der uns zum Leiden (duhkha) lotst anstatt zum Glück. Aus der Irre führen indes die Großzügigkeit des Teilens (dana) und die Weisheit (prajaa). Dabei sollte dana nicht einfach als das Spenden von Almosen verstanden werden: In der Tiefe seiner Bedeutung vereint der Begriff das, was im christlichen Verständnis mit sozialer Gerechtigkeit und Mitgefühl gemeint ist.

Jesus, der Prophet aus Palästina, sagt zu seinen Jüngern: „Gebt acht, hütet euch vor jeder Art von Habgier. Denn der Sinn des Lebens besteht nicht darin, dass ein Mensch aufgrund seines großen Vermögens im Überfluss lebt" (Lk 12,15). Der erste Brief an Timotheus hilft uns zu verstehen, was tief im Kapitalismus - der nichts anderes ist als organisierte Habgier - vor sich geht: „Denn die Wurzel aller Übel ist die Habsucht" (1 Tim 6,10). Es ist also nicht überraschend, dass Jesus sagt, es sei leichter für ein Kamel durch ein Nadelöhr zu gehen als für den Reichen in das Reich Gottes zu kommen (Mt 19,24, Mk 10,25, Lk 18,25). Mahatma Gandhi reflektierte den Geist der asiatischen religiösen Traditionen, als er sagte: „Es gibt auf der Welt genug Ressourcen, um die Bedürfnisse aller Menschen zu stillen, aber nicht genug, um die Gier aller zu stillen". Der Philosoph Khalil Gibran schöpfte aus der islamischen Tradition der Sorge für den Nächsten und der Gastfreundschaft: „Du kannst nicht über Deinen Appetit hinaus konsumieren. Die andere Hälfte des Brotlaibs gehört der anderen Person und es sollte immer auch ein kleiner Rest bleiben für den Gast, der vielleicht vorbeikommt."

Die Botschaften und Appelle der asiatischen Religionen könnten nicht aktueller sein als in der heutigen Welt, in der es die Habgier zu sein scheint, die alles antreibt und zu einer gefährlichen Quelle von Gewalt geworden ist. Die Botschaft der asiatischen Religionen ist, dass wir von Habgier, Wettbewerb und Gewalt abrücken und stattdessen Solidarität und Mitgefühl üben sollen. Für Gandhi deckt sich das Streben nach Wahrheit mit einer gewaltfreien Lebensform (satyagraha); es ist der Inbegriff davon religiös zu sein.

Für einen verantwortungsvollen Umgang mit Ressourcen

Religionen entwickeln sich in ihrem Selbstverständnis und ihren Ausdrucksformen ständig weiter. Sie erneuern sich selbst, indem sie ihre Auslegung kontinuierlich anpassen. Die Notwendigkeit der Transformation in der modernen und globalisierten Welt lässt viele Menschen und Bewegungen nach Inspiration für soziales

Engagement und Umweltaktivismus in den Wurzeln asiatischer Religionen suchen. Ihr Engagement für soziale Belange, menschliche Solidarität und Wohlbefinden verheisst Gutes für die Zukunft.
Der moderne Hindu-Reformer Vivekananda betont den Weg des karma (Weg der Handlung und der Beteiligung) stärker als das Streben nach gnana (Wissen und Weisheit) und bhakti (Hingabe); Ghandi zog die Inspiration für sein politisches Engagement aus seiner Hindutradition, besonders aus dem Heiligen Buch der Bhagavad Gita. Viele moderne Hindus fühlen sich von Nishkama Karma angezogen, dem Ideal aus der Bhagavad Gita, die besagt, dass Menschen zur Förderung des Gleichgewichts und der Wohlfahrt des Kosmos (lokasamgraha) handeln sollen, ohne Belohnungen für ihre Taten zu erwarten. Auf buddhistischer Seite zeigt nicht nur der Dalai Lama eine alternative Vision für eine andere Welt auf. Auch eine Gruppe sozial engagierter Buddhisten wie Sulak Sivaraksa versucht Antworten auf die kritische Lage zu finden, in der sich die Menschheit heutzutage befindet.

„Die Notwendigkeit der Transformation lässt viele Menschen nach Inspiration für soziales Engagement und Umweltaktivismus in den Wurzeln asiatischer Religionen suchen.“

Asiatische religiöse Traditionen, einschließlich der indigenen und urzeitlichen, können eine wichtige kritische Quelle sein, um das Verhältnis zwischen Mensch und Natur neu zu konfigurieren. Sie bieten eine weitreichende Vision sowie Strategien für die gegenseitige Bereicherung. Wenn der Buddhismus von Mitgefühl (karuna) spricht, bezieht er sich nicht nur auf unsere Praxis der Solidarität mit anderen Menschen, sondern drückt auch unsere Verbundenheit mit der Natur und der gesamten Schöpfung aus. Hinduismus und Buddhismus sprechen von Indras Netz (Indra ist eine Gottheit aus dem Hinduismus und dem Jainismus), worin jeder Knoten des Wirklichkeitsnetzes wie ein Juwel ist, der den Blick auf das gesamte Universum in seinen Facetten widerspiegelt. Die beiden Religionen treten nicht für eine romantische Betrachtungsweise der Natur ein, sondern für einen sehr verantwortungsvollen Umgang mit Ressourcen. Der buddhistische Mittelweg lässt sich in den heutigen Terminus der nachhaltigen Entwicklung übersetzen. Wird die Natur über alle Maßen ausgebeutet, um die Nachfrage der Konsumgesellschaft und ihren Drang nach sofortiger Befriedigung ihrer Bedürfnisse zu stillen, gerät das Gleichgewicht in Schieflage – mit ernsthaften Konsequenzen.

Beschützen, Bewahren und Fürsorge für die Natur sind für asiatische Religionen keine Werte und Fertigkeiten, die durch die Erziehung kultiviert oder vermittelt werden. Die Natur ist vielmehr in ihren Stoff hineingewoben. Atharva Veda, eine der heiligen Textsammlungen des Hinduismus bringt uns in einer ihrer alten Hymnen an die Erde unsere Erdverbundenheit ins Bewusstsein: „Oh Mutter Erde! Geheiligt sind Deine Hügel, verschneiten Berge und tiefen Wälder. Sei gut zu uns und schenke uns Glück. Mögest Du fruchtbar und bebaubar sein, und Ernährerin für alle. Mögest Du die Menschen aller Völker und Nationen unterstützen. Mögest Du uns vor Deiner Wut [Naturkatastrophen, Anm. des Autors] beschützen. Und möge niemand Deine Kinder ausbeuten und sie sich untertan machen" (Atharva Veda, Kanda 12, Hymne 1, Vers 45).

Unsere Welt ist voller Konflikte – politische, ökonomische, ethnische, kulturelle und religiöse. Sie alle bedrohen den Frieden, die Gerechtigkeit und die Gleichheit. Aus verschiedenen Gründen werden religiöse Konflikte heutzutage jedoch besonders hervorgehoben. Deshalb gelten interreligiöser Dialog und Verständnis als wichtige Instrumente für den Erhalt von Frieden und Harmonie in der Welt. Der Aphorismus, wonach es keinen Frieden in der Welt gibt, solange nicht Frieden zwischen den Religionen herrscht, stimmt, zeugt aber von einem begrenzten Verständnis von interreligiösem Dialog.

Die Herausforderungen in unserer Welt verlangen nach enger Zusammenarbeit zwischen den religiösen Akteuren, damit sie gemeinsam auf die Notlage der Welt und auf die Bedrohungen, der die Natur und das Gemeinwohl der Menschheit ausgesetzt sind, reagieren können. Dafür muss der Dialog zwischen den Religionen gefördert werden. Jede religiöse Tradition wird Kraft aus ihren reichhaltig vorhandenen Ressourcen ziehen und sie für das gemeinsame Anliegen der Menschheit nutzbar machen. Letzten Endes gehört keine Religion ihren Anhänger(inne)n; alle Religionen gehören der gesamten Menschheit und alle teilen sie heute eine gemeinsame Mission.

Übersetzt aus dem Englischen von Birgit Gerhards und Helena Obermayr

Welches Asien-Klischee stimmt (nicht)?
Dass asiatische Religionen (Hinduismus, Buddhismus, Taoismus ...) jenseitig und weltfremd sind.

Zum Autor
Felix Wilfred, geb. 1948, ist emeritierter Professor für Theologie sowie Direktor des von ihm gegründeten Asian Centre for Cross Cultural Studies in Tamil Nadu (Indien), außerdem Chefredakteur des International Journal of Asian Christianity.

Kontakt
Prof. Felix Wilfred
E-Mail felixwilfred@gmail.com

Fluchtbewegungen in Asien und im Pazifik

Von der Gewalt vertrieben

Von Gunnar Stange

Asiatinnen und Asiaten sind in Bewegung – allerdings nicht immer freiwillig: Unzählige gewaltsame Konflikte in der Region, Repressionen gegenüber ethnischen oder religiösen Minderheiten und Naturkatastrophen sind drei der zahlreichen Gründe, warum Menschen ihre Heimat verlassen müssen.

Ganz allgemein sind Ursachen für Migration niemals singulär, sondern treten in der Regel in einem Bündel aus sich überlappenden ursächlichen Faktoren auf. Sie sind also in einem Kontinuum aus Freiwilligkeit und Unfreiwilligkeit angesiedelt. Entscheidend für die Definition von Flucht und Vertreibung beziehungsweise unfreiwilliger Migration ist jedoch, dass die Gründe für eine Migrationsentscheidung innerhalb von Landesgrenzen beziehungsweise über diese hinweg in erster Linie zwanghaft und dementsprechend alternativlos für die Betroffenen sind. Dabei ist es zunächst unwesentlich, ob Flucht und Vertreibung durch Umwelt- oder durch politische Faktoren ausgelöst wurden. (1) Darüber hinaus ist im Rahmen der Analyse von Fluchtursachen zwischen langfristigen, strukturellen und kurzfristigen, akuten Ursachen zu unterscheiden. Häufig ist eine genaue Differenzierung dieser allerdings kaum möglich, da sie in der Regel zusammenwirken. (2)

In Bezug auf Fluchtursachen in der asiatisch-pazifischen Region sind politische Faktoren (Kriege, bewaffnete Konflikte, Repression, Verfolgung und Menschenrechtsverletzungen), sozio-ökonomische Faktoren (sozio-ökonomische Ungleichheit, Zwangsumsiedlungen und Menschenhandel) sowie Umweltfaktoren (Naturkatastrophen) maßgeblich. Dabei stellen Kriege und gewaltsame Konflikte bei Weitem die Hauptursache für Flucht und Vertreibung dar, auch innerhalb eines Landes. So ereignete sich im Jahr 2015 mit 126 Fällen ein Viertel aller weltweiten gewaltsamen Konflikte in Asien. Darüber hinaus spielen Zwangsumsiedelungen im Zusammenhang mit (ökonomischen) Entwicklungsprojekten – vor allem in Indien und China – eine zunehmend große Rolle. In Bezug auf umweltbedingte Flucht sind die Länder Asiens in besonderem Maße von extremen Wetterereignissen und Naturkatastrophen betroffen. Sozio-ökonomische Faktoren bedingen Flucht wiederum vor allem mittelbar, etwa wenn sich die Lebensbedingungen der betroffenen Bevölkerung infolge von gewaltsamen Konflikten oder auch Naturkatastrophen verschlechtern. (3)

Flucht und Binnenvertreibung in Zahlen

Im Jahre 2016 waren Schätzungen des Hohen Flüchtlingskommissars der Vereinten Nationen (United Nations High Commissioner for Refugees, UNHCR) zufolge circa 7,8 Millionen Menschen in der asiatisch-pazifischen Region Flüchtlinge (3,5 Millionen), sogenannte Binnenvertriebene (2,7 Millionen), die innerhalb der Landesgrenzen flüchten mussten, und Staatenlose (1,6 Millionen). Nirgendwo auf der Welt leben so viele Staatenlose wie in der asiatisch-pazifischen Region. Der Großteil der Flüchtlinge im asiatisch-pazifischen Raum stammt aus Afghanistan und Myanmar. Von den insgesamt 2,5 Millionen Flüchtlingen, die aufgrund des seit 2001 andauernden Krieges in Afghanistan in über 70 Ländern der Welt Aufnahme gefunden haben, leben 95 Prozent in Pakistan und im Iran. Die sich verschärfende Sicherheitslage in Afghanistan im Jahre 2016 hat die Anzahl der Binnenvertriebenen im Land auf 1,2 Millionen Menschen anwachsen lassen. Diese Schätzungen verdeutlichen, dass nahezu die Hälfte der Binnenvertriebenen und Flüchtlinge aus Afghanistan stammt. Die verfügbaren Zahlen für internationale Flüchtlinge sind allerdings weitaus verlässlicher als jene für die Binnenvertriebenen. Letztere beruhen weitgehend auf Schätzungen und sind mit großer Wahrscheinlichkeit weitaus höher als angenommen. (4)

Nach Afghanistan ist derzeit Myanmar das Land, das hinsichtlich Vertreibung mit größter Sorge beobachtet wird (vgl. S. 100 ff.). Für das Jahr 2016 schätzt der UNHCR, dass 375.000 Menschen innerhalb der Landesgrenzen vertrieben wurden und 340.000 Menschen über die Landesgrenzen hinaus geflohen sind. Zum einen sind für diesen Umstand teils seit Jahrzehnten andauernde, gewaltsam ausgetragene Konflikte zwischen Widerstandsbewegungen und der Regierung Myanmars verantwortlich. Seit der im Jahr 2010 begonnenen demokratischen Transformation des Landes wurde zwar ein umfassender Friedensprozess eingeleitet, dieser ist jedoch immer wieder von massiven Rückschlägen gekennzeichnet. Zum anderen kommt es seit 2015 zu massiver Verfolgung der ethnischen und religiösen Minderheit der Rohingya durch die Regierung Myanmars, angeheizt durch gewaltbereite nationalistische buddhistische Gruppierungen, die aggressiv Stimmung gegen die Minderheit machen, vor allem im nördlichen Rakhine-Staat. Myanmar erkennt die Rohingya nicht als Staatsbürger(innen) an, sondern klassifiziert sie als eingewanderte Bangladeschi. Sie stellen die größte Gruppe Staatenloser weltweit. Jeder siebente Staatenlose ist Rohingya. Aktuellen Angaben der Internationalen Organisation für Migration zufolge halten sich derzeit allein in Bangladesch über 800.000 geflüchtete Rohingya auf.

Beispiele regionaler Differenzierung

Im asiatisch-pazifischen Raum sind, wie bereits aufgezeigt, Afghanistan und Pakistan mit Abstand am stärksten von Flucht und Binnenvertreibung betroffen. Der Grund für die hohe Anzahl afghanischer Flüchtlinge in Pakistan sind die zunehmend rigiden Einreisebestimmungen der anderen Anrainerstaaten Afghanistans. Andererseits befinden sich geschätzte 300.000 Flüchtlinge aus Pakistan in Afghanistan. In Pakistan selbst wird von 1,5 Millionen Binnenvertriebenen ausgegangen, von denen sich der überwiegende Teil in den sogenannten Stammesgebieten im Nordwesten des Landes aufhält. Der weitgehende Abzug internationaler Truppen aus Afghanistan im Jahr 2014 und die Auseinandersetzungen im Zuge des sogenannten Krieges gegen den Terror haben die Situation in beiden Ländern dramatisch verschärft. In Südasien gilt Sri Lanka als eines der wichtigsten Herkunftsländer für Flüchtlinge, was unter anderem auf den jahrzehntelangen Krieg zwischen der

„Nirgendwo auf der Welt leben so viele Staatenlose wie in der asiatisch-pazifischen Region.“

sri-lankischen Regierung und der Unabhängigkeitsbewegung der LTTE (Liberation Tigers of Tamil Eelam) bis 2009 zurückzuführen ist (vgl. S. 106 ff.). Als Aufnahmeländer sind hier Indien und Bangladesch zu nennen, wo in erster Linie Flüchtlinge aus Myanmar, Sri Lanka und Pakistan landen. In Indien, Nepal und Bangladesch mussten im Jahr 2015 fast sieben Millionen Menschen aufgrund von Naturkatastrophen ihre Heimat verlassen. Ein weiterer wesentlicher Faktor für Vertreibungen in der Region sind großangelegte Entwicklungsprojekte, allen voran Staudämme. So waren seit der Staatsgründung Indiens im Jahr 1947 mehr als 65 Millionen Menschen von »entwicklungsbedingten« Zwangsumsiedelungen betroffen.
In Südostasien stammen die meisten Flüchtlinge mit großem Abstand aus Myanmar und Vietnam, gefolgt von Schutzsuchenden aus Kambodscha und Laos. Als Flucht- und Vertreibungsgründe sind dort vor allem gewaltsame Konflikte sowie die Verfolgung religiöser und ethnischer Minderheiten auszumachen. In den autoritären Regimen spielen darüber hinaus politische Repression und Verfolgung eine wichtige Rolle. Für Südostasien stellt sich zusätzlich das Problem der Staatenlosigkeit, die zwei Ursachen hat: Zum einen wird Menschen der staatsbürgerliche Status aufgrund ihrer Zugehörigkeit zu ethnischen und/oder religiösen Minderheiten verweigert, zum anderen werden Flüchtlingskinder nicht als Staatsbürger(innen) des Aufnahmelandes anerkannt. Allein in Thailand und Myanmar leben mehr als 1,3 Millionen Menschen ohne Staatsangehörigkeit (vgl. S. 125). In Bezug auf den Schutzstatus der Geflüchteten ist für Südostasien augenfällig, dass nur drei der Staaten in der Region der Genfer Flüchtlingskonvention beigetreten sind: die Philippinen, Kambodscha und Osttimor. Für Flüchtlinge in Thailand als wichtigstes Aufnahmeland bedeutet dies ein hohes Maß an Rechtsunsicherheit und die ständige Bedrohung von Inhaftierung und Ausweisung aufgrund des vermeintlich illegalen Aufenthaltes im Land. Darüber hinaus sind umweltbedingte Fluchtbewegungen vor allem in den südostasiatischen Inselstaaten, die wiederum als Aufnahmelän-

der kaum eine Rolle spielen, von dramatischer Bedeutung. Im globalen Vergleich weisen beispielsweise die Philippinen die höchste Anzahl von Binnenvertriebenen aufgrund von Naturkatastrophen (insbesondere Taifune) auf – allein im Jahr 2014 waren es 5,8 Millionen Menschen.

Das Flüchtlingsregime in der asiatisch-pazifischen Region

Was das internationale Flüchtlingsregime angeht, ist für die asiatisch-pazifische Region zunächst auffallend, dass weniger als die Hälfte der Staaten die Genfer Flüchtlingskonvention von 1951 und das Protokoll von 1967 unterzeichnet haben. Wie jedoch bereits anhand der Aufnahmebereitschaft für afghanische Flüchtlinge im Iran und in Pakistan deutlich wurde, gibt es in Asien eine lange Traditionen der Gastfreundschaft gegenüber geflüchteten Menschen.

Auch wenn viele Staaten keine funktionierenden Asylsysteme aufweisen beziehungsweise keinen verbindlichen Rechtsrahmen für geflüchtete Menschen geschaffen haben: Allein die Ratifizierung der Bali-Deklaration zu Menschenschmuggel, Menschenhandel und grenzüberschreitender Kriminalität durch 41 asiatische Länder im März 2016 im Rahmen des Bali-Prozesses (5) zeigt, dass die massiven Fluchtbewegungen wie etwa im Zusammenhang mit Afghanistan und den Rohingya in Myanmar einer weitaus stärkeren regionalen Verzahnung und Kooperation im Umgang mit Fluchtbewegungen bedürfen.

Dass die regionale Bearbeitung des Themas größtenteils aus der Perspektive von Menschenschmuggel und transnationalen Verbrechen stattfindet, ist der Tatsache geschuldet, dass der Großteil der Vertreibungen innerhalb Asiens – mit Ausnahme Afghanistans – durch bewaffnete Binnenkonflikte in einzelnen Staaten bedingt ist. Diese als Fluchtgründe im regionalen Fluchtregime anzuerkennen, hieße gleichzeitig, die betreffenden Staaten, die in vielen Fällen Krieg gegen ihre eigene Bevölkerung führen, an den Pranger zu stellen.

Für die zukünftige Entwicklung von Flüchtlings- und Binnenvertriebenenbewegungen im asiatisch-pazifischen Raum wird viel davon abhängen, welchen Verlauf die unzähligen gewaltsamen Konflikte in Asien nehmen werden. Gleichermaßen ist der Kontinent, wie aufgezeigt, äußerst anfällig für (klimabedingte und menschengemachte) Naturkatastrophen (vgl. S. 62 ff.). Kurz- und mittelfristig ist kaum einschätzbar, ob eine etwa mit dem Tsunami im Indischen Ozean Ende 2004 vergleichbare Naturkatastrophe wieder eintreten wird und welche humanitären Folgen diese nach sich ziehen würde. Langfristig ist angesichts steigender Meeresspiegel mit großer Wahrscheinlichkeit damit zu rechnen, dass die Zahl der umweltbedingt Vertriebenen vor allem aus den kleineren Inselstaaten des Pazifik dramatisch zunehmen wird.

Anmerkungen

(1) In Bezug auf die Anerkennung als Flüchtling durch einen Staat, der die Genfer Flüchtlingskonvention (GFK) ratifiziert hat, ist es entscheidend, ob die Fluchtursache politisch oder umweltbedingt ist, da umweltbedingte Flucht von der GFK bislang nicht berücksichtigt wird.

(2) UNESCO (2008): The Hague Process on Refugees and Migration. People on the Move: Handbook of Selected Terms and Concepts. Den Haag/Paris.

(3) Müller-Koné, Marie/Schmitz-Pranghe, Clara/Schetter, Conrad (2017): Flucht und Binnenvertreibung in Asien: Ansatzpunkte für und Grenzen der Entwicklungszusammenarbeit. Bonn.

(4) UNHCR (2017): UNHCR Global Report. Regional Summaries. Asia and the Pacific. Genf.

(5) Der seit 2002 stattfindende Bali-Prozess dient dem politischen Dialog, dem Informationsaustausch und der praktischen Zusammenarbeit in den Bereichen Menschenschmuggel, Menschenhandel und grenzüberschreitende Kriminalität in der asiatisch-pazifischen Region: www.baliprocess.net

Welches Asien-Klischee stimmt (nicht)?
Wer DAS Asien, DIE Asiatin oder DEN Asiaten sucht, hat nicht vor sich auf den Weg zu machen.

Zum Autor

Gunnar Stange, geb. 1978, studierte Sprachen sowie Wirtschafts- und Kulturraumstudien mit dem Schwerpunkt Südostasien. Er promovierte zur Konflikttransformation in Aceh, Indonesien, und arbeitete für verschiedene Projekte der deutschen Entwicklungszusammenarbeit in Indonesien und Mosambik. Derzeit lehrt und forscht er zu den Schwerpunkten Flucht und Vertreibung, Konflikttransformation und internationale Entwicklung an der Universität Wien.

Kontakt

Dr. Gunnar Stange
Universität Wien
Institut für Geografie und Regionalforschung
E-Mail gunnar.stange@univie.ac.at

Entwicklung ohne Menschenrechte

Zivilgesellschaft unter Druck

Von Ali Al-Nasani

Damit die Wirtschaft Asiens weiter wächst, darf die kritische Zivilgesellschaft nicht stören und die Sozialverträglichkeit von Projekten oder gar Umweltstandards einfordern. Der Demokratieabbau lässt die Handlungsräume für kritische Organisationen schrumpfen. Chinas Rolle wird dabei immer bedeutsamer; der Westen agiert halbherzig.

Weltweit ist von Venezuela über Polen und Russland bis nach Asien der Trend erkennbar, dass Regierungen die Arbeit kritischer zivilgesellschaftlicher Organisationen beschneiden oder ganz unterbinden. Mithilfe sogenannter NGO-Gesetze und oft unter dem Deckmantel des Anti-Terrorkampfes werden alle Tätigkeiten verboten, die die Sicherheit eines Landes gefährden, der Kultur und Religion widersprechen oder einfach nur die öffentliche Ordnung stören könnten. Bewusst vage gehaltene Straftatbestände verwandeln sich in Gummiparagrafen, deren Anwendung allen kritischen Oppositionellen droht. Zuwiderhandlung wird drakonisch bestraft. Wenn Handlungsspielräume für die Zivilgesellschaft abnehmen, führt das letzlich zu einem Demokratieabbau, zu staatlicher Willkür und fehlender öffentlicher Kontrolle bei Entwicklungsprojekten.

Asien hatte in der Vergangenheit bereits eine gemischte Bilanz, wenn es um Demokratie und Menschenrechtsschutz ging. Tendenziell unfreien Ländern wie China, Vietnam, Laos oder Nordkorea standen große Demokratien wie Indien, Indonesien oder die Philippinen gegenüber. Dazwischen tummelten sich Länder wie Thailand oder Kambodscha, die einen regelmäßigen Wechsel von autoritärer Herrschaft und demokratischen Experimenten mit freier Zivilgesellschaft erlebten. Doch gegenwärtig geht in den meisten Ländern Asiens der Trend eindeutig zu mehr Autorität.

Zuspruch wird geduldet, Kritik nicht

Die südostasiatische Staatengemeinschaft ASEAN (Association of Southeast Asian Nations) stellt hier keine Ausnahme dar. Sie versteht sich in erster Linie als wirtschaftlicher Zusammenschluss. Demokratie und der Schutz der Menschenrechte spielen keine Rolle. Die Staaten haben sich darauf verständigt, sich nicht in die inneren Angelegenheiten einzumischen, was vor allem dazu führt, dass die Zivilgesellschaft allein gelassen wird. Die Rolle der NGOs besteht nach Ansicht von ASEAN maximal darin, staatlich vorgegebene Ziele zu unterstützen und zu deren Zielerreichung beizutragen. Kritische Diskussionen über Entwicklungsziele oder Wirtschaftsmodelle oder gar Beteiligung an der Ziel- und Planentwicklung gehen zu weit. Die Treffen der ASEAN-Vertreter(innen) mit der Zivilgesellschaft am Rande der Jahrestagungen sind auf maximal 30 Minuten festgelegt. Und auch hier werden vor allem regierungsnahe NGOs eingeladen, von denen lediglich Zuspruch zu erwarten ist.

Das Beispiel Indonesiens verdeutlicht die Stärken und Schwächen von Zivilgesellschaft. Zwar kam Präsident Joko Widodo mit der Unterstützung der Zivilgesellschaft an die Macht, doch war dies nur möglich, weil einerseits die machthabende Elite uneins war und anderseits an den grundsätzlichen Machtstrukturen nicht gerüttelt wurde. Heute ist festzustellen, dass es innerhalb der indonesischen Zivilgesellschaft sogar Gruppierungen gibt, die undemokratische und religiös-fundamentalistische Positionen vertreten und somit gesellschaftlichen Fortschritt ablehnen. Letzteres gilt ebenso für Gruppierungen in Indien oder Nepal, die sich entlang von Kasten- und ethnischen Grenzen bilden und Intoleranz, Klientelismus sowie Nepotismus als antidemokratische Elemente hervorbringen.

Wer geglaubt hatte, die Bausünden der Entwicklungspolitik gehörten der Vergangenheit an, sah sich jüngst in Sri Lanka eines Besseren belehrt. Über 200 Millionen Dollar kostete der neue Flughafen, den der damalige Präsident Mahinda Rajapaksa 2013 mit chinesischem Darlehen bauen ließ. Und da der Flughafen in seiner Heimatregion liegt, schien es nur natürlich, ihn auch gleich Rajapaksa Airport zu nennen. Die Planung ging jedoch völlig am Bedarf vorbei und die Regierung ignorierte Proteste der lokalen Zivilbevölkerung. Statt der erhofften über eine Million jährlichen Fluggäste waren es anfangs nur 20.000 Passagiere und die Nachfrage nahm seit der Inbetriebnahme ständig ab. Heute landet lediglich zweimal am Tag ein Regionalflieger aus der Hauptstadt Colombo. Ebenso erging es dem gleichzeitig errichteten Tiefseehafen und dem Kricketstadion, die Rajapaksa in seiner Heimatregion erbauen ließ. Sie bleiben ungenutzt und sind zukünftige Mahnmale für fehlgeleitete Entwicklung. Das Angebot an den Bauherrn China, die Prestigeprojekte zu übernehmen, lehnte dieser ab. Heute ist das kleine Sri Lanka aufgrund dieser Projekte mit über acht Milliarden Dollar bei China verschuldet und das Geld fehlt für eine wirklich nachhaltige Entwicklung des Landes.

„Immer mehr NGOs richten ihre Arbeit nach den Programmen der Geber aus und nicht nach den wirklichen Bedürfnissen im Land."

Gleichzeitig sehen sich die westlichen Geberländer gerade aufgrund des Konkurrenzkampfes mit China immer weniger in der Lage, Demokratieförderung zu betreiben und die Zivilgesellschaft zu unterstützen. China tritt überall in Asien als milliardenschwerer Investor auf, der Infrastruktur baut, Waffen liefert und gleichzeitig Absatzmarkt für asiatische Produkte ist. Das Konzept des chinesischen Präsidenten Xi Jinping, die alte Seidenstraße wieder aufleben zu lassen, hat aber auch zur Folge, dass die Überkapazitäten chinesischer Fabriken neue Absatzmärkte in Asien finden. Dass US-Präsident Donald Trump TTP, das noch von seinem Vorgänger Barack Obama geplante Transpazifische Handelsabkommen mit Asien, gestoppt hat, gibt Chinas Wirtschaft neue Expansionsmöglichkeiten. Für zivilgesellschaftliches

Engagement bei kritischen Projekten verheißt dies aber nichts Gutes. Ganz offen hat der kambodschanische Premierminister Hun Sen China als besten Partner bezeichnet mit der Begründung, dass die chinesische Hilfe nicht an Menschenrechtsschutz und Demokratie gebunden ist.

Wie wenig sich der Westen inzwischen für Demokratie und Menschenrechte einsetzt, wird auch am Beispiel Thailands deutlich. Drei Jahre nach dem Militärputsch von 2014, der die demokratisch gewählte Regierung aus dem Amt jagte, sitzen die Generäle sicherer denn je im Sattel. Premierminister Prayut Chan-o-cha wurde sowohl von Obama als auch kürzlich von US-Präsident Trump empfangen und die EU verhandelt ein Fischereiabkommen mit Thailand. Derweil werden kritische Stimmen innerhalb der Zivilgesellschaft unter anderem mithilfe des drakonischen Gesetzes zum Schutz der Monarchie zum Schweigen gebracht.

In der Vergangenheit führte gerade der Versuch westlicher Geberländer und vor allem der Europäischen Union, mit viel Geld in kurzer Zeit eine lebendige Zivilgesellschaft aufzubauen und somit zur wirtschaftlichen Entwicklung eines Landes beizutragen, bisweilen zum Gegenteil. Kleine Länder wie Nepal, Kambodscha oder derzeit auch Myanmar haben keine gesellschaftliche Infrastruktur, die diese großen Geldsummen absorbieren kann. Gut ausgebildete Fachkräfte arbeiten dann tendenziell lieber für die international operierenden Umsetzungsorganisationen wie Oxfam, Action Aid, USAID oder giz und eben nicht mehr für den Staat und die öffentliche Verwaltung. Die Gehälter und die Mieten in den Ballungszentren gehen steil nach oben. Korruption auch in den NGOs selbst nimmt zu. Die Länder werden zur Spielwiese der Geberländer, die mit viel Geld ausprobieren, was klappt und was eben nicht. Immer mehr NGOs richten ihre Arbeit nach den Programmen der Geber aus und nicht nach den wirklichen Bedürfnissen im Land.

Kontrollierte Medienlandschaft

Regierungen in Asien gehen vermehrt dazu über, eigene Organisationen als Gegengewicht zur kritischen Zivilgesellschaft zu bilden. Das reicht von regierungsnahen Gewerkschaften über Jugendorganisationen bis hin zu Frauenorganisationen, Forschungsinstituten und schließlich zu NGO-Dachverbänden, für die eine Zwangsmitgliedschaft aller NGOs verordnet wird. In diesen Organisationen kann nur Karriere

machen, wer ein Parteibuch der Regierungspartei hat und gleichzeitig die politische Linie der Machthabenden in der Organisation durchsetzt. So entsteht eine scheinbare Pluralität, die Demokratie vorgaukelt, allerdings lediglich dem Machterhalt der Regierung dient.
Immer mehr werden auch die Medien von Asiens Regierungen unter Kontrolle gebracht. Das Negativbeispiel der Medienschelte und der fehlenden Kooperation durch US-Präsident Trump führt auch in Asien dazu, dass Regierungen die wenigen noch freien Medien unterjochen. Jüngst wurde beispielsweise in Kambodscha 17 kritischen Radiostationen die Lizenz entzogen und die große unabhängige Tageszeitung Cambodia Daily geschlossen, weil sie anhaltend über Landkonflikte im Zusammenhang mit Entwicklungsprojekten berichteten. Übrig bleibt eine Medienlandschaft, die fast ausschließlich Regierungspositionen vertritt.
Derweil geht die Schere zwischen Arm und Reich in Asien weiter auseinander. Oft sind es korrupte Eliten, die mit dem Militär und der Wirtschaft verbandelt sind und das jeweilige Land hemmungslos ausbeuten. Entwicklung wird lediglich als Wirtschaftswachstum interpretiert, bei dem zivilgesellschaftliche Forderungen nach Umweltstandards und Sozialverträglichkeit von Projekten nur stören. Die dünne Mittelschicht, die in den 1990er-Jahren noch Motor von Demokratiebewegungen war, entsolidarisiert und entpolitisiert sich immer mehr und verfolgt lediglich das Ziel, am neuen Wohlstand der Eliten teilzuhaben.

Hühner und Nähmaschinen statt Emanzipation

Auch bei einem Lieblingsthema der westlichen Geberländer, der Frauenförderung, bleiben die Resultate ernüchternd. Zwar entstanden in den 1970er- und 80er-Jahren in vielen asiatischen Ländern Frauenbewegungen, die Teilhabe an Demokratie und wirtschaftlicher Entwicklung forderten. Gleichzeitig wurden Themen wie sexualisierte Gewalt, Mädchenheirat oder patriarchale Erbschaftssysteme auf die Tagesordnung gesetzt.
Doch inzwischen ist Empowerment (Ermächtigung) in Asien zu einem unpolitischen Begriff geworden, bei dem es oft nicht mehr darum geht, den Frauen Würde und Kontrolle über ihr eigenes Leben zu geben, sondern sie möglichst geräuschlos in ein klassisches Konzept von Arbeitsteilung einzufügen. So werden in Indien wahl-

weise Hühner, Kühe oder Nähmaschinen an Frauen verteilt, auf dass sie zu Hause bleiben und keinesfalls ihre Unterordnung unter den Mann infrage stellen. In Sri Lanka bekamen ehemalige Kämpferinnen der Tamil Tigers nach dem Ende des Bürgerkriegs Fortbildungen in Kuchenbacken oder Ausbildungen als Friseurinnen (vgl. S. 106 ff.). Die kambodschanische Regierung bietet Frauen Nähunterricht für die Textilindustrie an. NGOs beteiligen sich an solchen Programmen besonders dann gerne, wenn finanzkräftige Geber dahinterstecken. Die neue Politik der konservativen US-Regierung, all jenen NGOs die Gelder zu streichen, die Beratung in Familienplanung anbieten, wird darüber hinaus viele emanzipatorische Frauenorganisation dazu zwingen, ihre Arbeit einzustellen. Somit werden Frauen auf eine stumme Rolle reduziert, die vor allem dem Wirtschaftswachstum dient, aber nicht der gleichberechtigten Teilhabe an Demokratie.

Es ist höchste Zeit, die Konzepte von Entwicklung und Entwicklungshilfe sowie die Rolle und die Möglichkeiten von Zivilgesellschaft neu zu hinterfragen und die Unterstützung durch den Westen zu verstärken. Sollte der aktuelle Trend zu mehr Autorität und weniger Menschenrechtsschutz anhalten, sieht Asien in Bezug auf seine Demokratien einem verlorenen Jahrzehnt entgegen.

Anmerkung

(1) Der Artikel gibt die persönliche Meinung des Autors wieder und ist nicht notwendigerweise die Position der Heinrich Böll Stiftung.

Welches Asien-Klischee stimmt (nicht)?

Bereits 1977 schoß der Japaner Okudera für den 1. FC Köln Tore. Asiaten können also doch Fußball spielen.

Zum Autor

Ali Al-Nasani, geb. 1965, Dipl.-Übersetzer (Arabisch, Persisch), ist seit 2013 Büroleiter der Heinrich Böll Stiftung Kambodscha. Davor hat er für Bündnis90/Die Grünen im Deutschen Bundestag und im Europaparlament im Bereich Menschenrechte gearbeitet und war Referent für Lobbyarbeit und Internationale Kommunikation bei Amnesty International Deutschland.

Kontakt

Ali Al-Nasani
Heinrich Böll Stiftung Kambodscha
E-Mail Ali.Al-Nasani@kh.boell.org

WACHSTUM UND GRENZEN

Auf zwei Megatrends muss sich Asien einstellen: die Anpassung an den Klimawandel und die praktische Bewältigung des anhaltenden Drangs in die Städte. Daneben gilt es die ausufernde Ressourcenausbeutung und den besorgniserregenden Artenschwund einzudämmen. – Inwiefern zerstört der Bergbau in der Mongolei die tiefe Verbundenheit der Menschen mit der Natur? Was macht den Kleinbauern und -bäuerinnen Asiens das Leben schwer? Welche Folgen zeitigt der Klimawandel schon jetzt auf dem Kontinent?

Klimafolgen in Asien

Ein paar Grad mehr Ungerechtigkeit

Von Kira Vinke

Ein ungebremster Klimawandel hätte schwerwiegende Folgen für den Kontinent. Vor allem armen Menschen fehlen die Ressourcen, sich an Stürme, Überflutungen oder ausgetrocknete Böden anzupassen. Immerhin verschreiben sich immer mehr asiatische Staaten dem Übergang zu erneuerbaren Energien. Ob das reicht?

In Asien wird über die Zukunft der menschlichen Zivilisation entschieden. Das geschieht auf keinem Gipfeltreffen und vielleicht sogar ungewollt. Die asiatischen Länder - insbesondere China, Indien und die vier sogenannten Tigerstaaten Südkorea, Taiwan und Singapur sowie die chinesische Sonderverwaltungszone Hongkong - könnten in den kommenden Jahren Transformationen einleiten, die eine globale Kehrtwende in der Bekämpfung des Klimawandels auslösen würden. Gleichzeitig könnte - wenn sich kein solcher Richtungswechsel formiert - der Klimawandel die Entwicklungsfortschritte in vielen asiatischen Ländern zunichte machen. Denn der asiatische Kontinent und seine Bewohner(innen) stehen an der Frontlinie der zu erwartenden Klimawandelfolgen.

Asiens Geografie ist von den höchsten Gebirgen der Erde, weitläufigen Wüsten und großen Flussdeltas geprägt. Die einzigartigen Ökosysteme des Kontinents könnten zum Teil irreversibel durch Veränderungen des Klimas geschädigt werden. Selbst bei Einhaltung der Vereinbarungen des Pariser Klimaabkommens wird es Regionen in Asien geben, die stark von den Folgen der Erwärmung betroffen sein werden. Schon heute wirken sich Veränderungen auf die Lebenswelt aus. So berichten Bauern und Bäuerinnen von unvorhersehbaren Niederschlagsmustern, längeren Dürreperioden und extremen Regenfällen, die Überflutungen hervorrufen. Fischer erzählen, dass die Wassertemperatur angestiegen ist und Korallenriffe verschwinden. Im Zusammenspiel mit den Folgen der massiven industriellen Überfischung schwinden Fischbestände und damit Existenzen. Immer wieder gibt es Extremstürme, wie Taifun Haiyan im Jahr 2013, der allein auf den Philippinen mehr als 6.300 Personen das Leben kostete. Menschen, die vor tropischen Stürmen fliehen mussten, berichten von extrem hohen Sturmfluten, die selbst ihre Vorfahren nie erlebt hätten. Viele der Betroffenen finden für diese Beobachtungen keine Erklärung. Sie haben oft kein formales Wissen über Wetter- und Klimadynamiken. Aber ihre Erfahrungen mit der sich verändernden Umwelt decken sich größtenteils mit den wissenschaftlichen Analysen über die beobachtbaren Folgen des Klimawandels.

Unterm Wellblechdach wird es heiß

Schon heute bedeuten steigende Temperaturen große Belastungen insbesondere für verletzliche Bevölkerungsgruppen wie ältere Menschen, Kinder, Obdachlose oder Kranke. Die Weltgesundheitsorganisation veröffentlichte 2014 eine Studie, die zeigt, dass bis 2030 mehr als 20.000 Menschen über 65 Jahre aufgrund des Klimawandels in Asien sterben werden. (1) Bis Mitte des Jahrhunderts wären es sogar etwa 52.000. Zudem werden mehr Kinder Unterernährung und Durchfallerkrankungen zum Opfer fallen. Weitere Gesundheitsrisiken sind die Ausbreitung von Vektorenkrankheiten (übertragen von infizierten Tieren auf Menschen) wie Malaria und Dengue aufgrund des Klimawandels. Zudem kommt es durch die Nutzung von mehr Plastik und wegen fehlender Müllentsorgungssysteme zu starker Verschmutzung in urbanen Räumen. Bei Regenfällen bilden sich Wasseransammlungen, in denen Moskitos brüten können. Oft verstärken andere menschliche Handlungen, wie beispielsweise auch die Übernutzung von Grundwasser, die negativen Folgen des Klimawandels. Heute ist vielerorts immer weniger sauberes Trinkwasser vorhanden. Böden versalzen und sind infolgedessen weniger fruchtbar. Insbesondere in den asiatischen Ländern mit wachsender Bevölkerung bedeutet eine solche Entwicklung erhebliche Risiken für die Ernährungssicherheit (vgl. S. 75 ff.).

Eine Gruppe von Menschen ist von den Auswirkungen des Klimawandels ganz besonders betroffen – die der Armen. Hier offenbart sich eine doppelte Ungerechtigkeit: Viele, die von dem Wohlstandsgewinn der Globalisierung ausgeschlossen wurden, müssen nun die Rechnung für diese Entwicklung tragen. Menschen, die in städtischen Slums leben, leiden stark unter den steigenden Temperaturen in Wellblechhütten. Mittellose Bauern und Bäuerinnen sind direkt von Schäden am Ökosystem betroffen. Wenngleich diese Menschen quasi nichts zum Klimawandel beigetragen haben, weil ihre Lebensweise kaum Treibhausgasemissionen verursacht, sind sie die ersten, die sich an die Konsequenzen anpassen müssen – ohne die finanziellen Ressourcen dafür zu haben. Die sich abzeichnenden Folgen der globalen Erwärmung zeigen, dass, wenn die nationalen Regierungen nicht gegensteuern, der Klimawandel bestehende sozio-ökonomische Disparitäten vergrößern wird.

„Dass klimapolitische Entscheidungen asiatischer Staaten international Wellen schlagen können, zeigt die Entscheidung Chinas, eine Quote für Elektroautos einzuführen.“

Somit ist offenkundig, dass selbst bei Erreichen der Ziele des Pariser Klimaabkommens Anpassungsmaßnahmen erfolgen müssen. Zum einen sind in vielen Regionen Asiens Landwirtschaft, Siedlungswesen oder kritische Infrastrukturen nicht adäquat dem gegenwärtigen Klima angepasst. Zum anderen werden insbesondere verletzliche Bevölkerungsgruppen auch von moderaten Klimafolgen betroffen sein. Es gibt bereits Netzwerke in Asien wie das Asia Pacific Adaptation Network (APAN), die den Aufbau einer Wissensgemeinschaft von Planer(inne)n und Entscheidungsträger(inne)n sowie einen Austausch ermöglichen. Für viele Menschen, deren Lebensgrundlagen durch Stürme oder Überflutungen zerstört werden, bestehen wenig Möglichkeiten, ihre Existenz weiterhin vor Ort zu sichern. Der einzige

Ausweg ist oft die Migration in die nächstgelegene Stadt. Klimamigration dürfte die Wucht der Urbanisierung, die viele asiatische Staaten bereits heute vor enorme Herausforderungen stellt, vergrößern (vgl. S. 87 ff.). Gerade in den niedrig liegenden Küstengebieten besteht ein hohes Risiko, dass Siedlungen bei steigendem Meeresspiegel geflutet werden. So sind zum Beispiel die Küstengebiete Indonesiens und die Flussdeltas des Mekong oder die Bengalische Bucht besonders exponiert. Viele Städte Asiens sind von informellen Siedlungen und Slums geprägt, die an Orten errichtet wurden, die klimawandelbedingt mittlerweile als Hochrisikogebiete gelten. Diese könnten sich aufgrund von fehlendem adäquaten Wohnraum, Bevölkerungswachstum und Zuzug weiter vergrößern. (2) Eine solche Entwicklung würde auch bedeuten, dass Menschen, die aufgrund des Klimawandels in städtische Slums ziehen, nicht zwingend die Risiken des Klimawandels vermeiden können.

Wetterextreme könnten Normalität werden

Bei einem ungebremsten Klimawandel würde die Mitteltemperatur über der asiatischen Landmasse bis Ende dieses Jahrhunderts um etwa sechs Grad Celsius steigen. (3) In höher gelegenen Gebieten könnten die Temperaturen im Sommer um circa acht Grad Celsius im Mittel klettern. Dies würde bedeuten, dass sich ganze Regionen völlig verändern und vielleicht sogar unbewohnbar werden. Gerade Städte erwärmen sich stark aufgrund des sogenannten Hitzeinsel-Effekts: Schon heute ist in Asien die Zahl der Hitzetage in urbanen Räumen doppelt so hoch wie im Hinterland. Hohe Temperaturen können die Leistungsfähigkeit von Menschen beeinflussen oder gar das Arbeiten im Freien unmöglich machen. Vor allem während sehr heißer Sommer werden Hitzewellen die Sterberaten steigern. Ebenfalls würden in einer um vier Grad Celsius wärmeren Welt die Hitzeextreme zunehmen. Bei einem Business as usual-Szenario würden Ende des Jahrhunderts Hitzeextreme, die sonst nur alle paar Hundert Jahre auftreten, im Sommer zur Normalität werden. Ebenso gäbe es, insbesondere in Südostasien, nie vorher dagewesene Hitzeextreme. Werden die Zielsetzungen des Pariser Klimaabkommens jedoch umgesetzt, lassen sich solche Extreme größtenteils vermeiden.

Im Pariser Klimaabkommen hat die internationale Staatengemeinschaft eine Begrenzung der globalen Erwärmung von 1,5 bis zwei Grad Celsius im Vergleich zur vorindustriellen Mitteltemperatur festgelegt. Aus dieser Zielsetzung ergibt sich, dass bis zur Mitte des Jahrhunderts eine Dekarbonisierung der Weltwirtschaft erfolgen muss. (4) Demzufolge müssen im Prinzip alle Nationen den Übergang zu erneuerbaren Energien schaffen – ein Ziel, dem sich auch die asiatischen Länder verschrieben haben. Die Umstellung der Energiesysteme ist eine Herausforderung, bietet aber auch große lokale Vorteile und Chancen der menschlichen und ökonomischen Entwicklung. Beispielsweise lassen sich Atemwegserkrankungen in asiatischen Städten stark einschränken, indem der Verkehr elektrifiziert wird. Sogenannte Off Grid-Systeme bieten Gemeinden, die bisher noch an kein Stromnetz angeschlossen waren, die Möglichkeit, zum Beispiel über Solarkraftwerke Energie zu beziehen.

Transformation made in Asia

Dass klimapolitische Entscheidungen asiatischer Staaten international Wellen schlagen können, zeigt die Entscheidung der chinesischen Regierung von September 2017, eine Quote für Elektroautos einzuführen. Ab 2019 sollen zehn Prozent aller PKWs, die in China verkauft werden, elektrisch angetrieben sein. Dies würde beispielsweise für Volkswagen bedeuten, in China 2019 etwa 75.000 Elektroautos verkaufen zu müssen. (5) Da mit der Quote, die über ein Punktesystem reguliert wird, Anreize für Elektroautos mit besonders langer Reichweite geschaffen wurden, ist anzunehmen, dass diese Vorgabe die Weiterentwicklung der Batterietechnologie zur Folge haben wird. Dies kann wiederum mittelfristig den Absatz entsprechender Modelle weltweit begünstigen.

Die beiden größten CO_2-Emittenten in Asien, China und Indien, haben ihr Engagement und ihre Bindung an das Pariser Abkommen nach dem angekündigten Ausstieg der Vereinigten Staaten aus dem Vertrag nochmals bekräftigt. Ein Vorgang, der den Machtverlust der USA im Hinblick auf ihre globale Führungsrolle widerspiegelt, denn noch vor einigen Jahren wäre der Bestand des Abkommens mit allen anderen Vertragspartnern nach dem Austritt der USA unwahrscheinlich gewesen. Heute sind die Vorteile der Transformation offenkundig, die Preise für Solarenergie sinken und sowohl Indien als auch China haben geplante Kohlekraftwerke annulliert. Vielleicht kommt die Abkehr der USA sogar chinesischen und indischen Entscheidungsträger(inne)n gelegen: So könnten sie sich eine Führungsposition in der

Produktion und Entwicklung von Solarzellen, Elektromobilität oder Windanlagen zukünftig auf dem Weltmarkt sichern. Zweifellos hätte ein ungebremster Klimawandel schwerwiegende Folgen für Asiens Bevölkerung. Das volle Ausmaß kaskadischer Effekte von physischen Klimafolgen auf Landwirtschaft, Industrie, politische Stabilität und regionale Sicherheit wäre unberechenbar. Der Weg, eine vier Grad wärmere Welt zu vermeiden, ist klar definiert: Für eine reelle Chance, das Pariser Abkommen zu erfüllen, sollten pro Dekade die globalen Emissionen halbiert werden. Letztlich muss der Grundstein der globalen Transformation in den nächsten drei Jahren gelegt werden. (6) Die Katalysatoren dieses Wandels könnten aus der Region selbst kommen.

Anmerkungen

(1) World Health Organization (2014): Quantitative Risk Assessment of the Effects of Climate Change on Selected Causes of Death, 2030s and 2050s. Genf.
(2) WBGU (2016): Der Umzug der Menschheit: Die transformative Kraft der Städte. Berlin.
(3) Vinke, Kira/Schellnhuber, Hans-Joachim/Laplante, Benoit et al. (2017): A Region at Risk – The Human Dimensions of Climate Change in Asia and the Pacific. Manila.
(4) Rockström, Johan/Gaffney, Owen/Rogelj, Joeri et al. (2017): A Roadmap for Rapid Decarbonization. In: Science 355/2017, S. 1269–1271
(5) Giesen, Christoph/Hägler, Max: China führt Quote für E-Autos ein. Auf: Süddeutsche.de vom 28.9.2017.
(6) Figueres, Christiana/Schellnhuber, Hans-Joachim/Whiteman, Gail et al. (2017): Three Years to Safeguard our Climate. In: Nature 546/2017, S. 593–595.

Welches Asien-Klischee stimmt (nicht)?
Klischees verblassen vor Asiens Vielfalt.

Zur Autorin
Kira Vinke, geb. 1988, arbeitet als wiss. Referentin des Direktors am Potsdam-Institut für Klimafolgenforschung. Sie promoviert zum Thema Klimawandel und Migration im asiatisch-pazifischen Raum und war als externe Beraterin für die Asiatische Entwicklungsbank tätig.

Kontakt
Kira Vinke
Potsdam-Institut für Klimafolgenforschung e.V.
E-Mail vinke@pik-potsdam.de

Artenschwund in Südostasien

Wahnsinn mit Methode

Von Oliver Pye

Die Erderwärmung macht Fauna, Flora und Ökosystemen ohnehin schon zu schaffen. Die Biodiversität in der Wachstumsregion Südostasien ist zusätzlich gefährdet, denn die rasante Expansion von Palmölplantagen verdrängt immer mehr Tier- und Pflanzenarten. Etliche von ihnen kommen sonst nirgendwo auf dem Planeten vor.

Der Zusammenhang ist so eindeutig wie niederschmetternd: Das Korallendreieck in Südostasien ist das artenreichste Korallenökosystem der Welt. Über 600 der weltweit knapp 800 Korallenarten sind hier beheimatet. Sie bieten durch ihre Strukturen aus Kalziumkarbonat Raum für eine bis acht Millionen weitere Arten. Doch wenn sich die durchschnittliche Temperatur um zwei Grad Celsius oder mehr erhöht, wird eine Kombination aus Wassererwärmung, Versauerung (und damit Verringerung des für das Korallenwachstum wichtigen Karbonats) und zu schnell steigendem Meeresspiegel die vollständige Vernichtung des Korallenriffökosystems zur Folge haben. (1) Hunderttausende von Meeresarten werden dadurch aussterben. Die langfristigen Folgen für die Millionen von Menschen, die von diesem Ökosystem leben, sind kaum abzusehen.

Die terrestrische Artenvielfalt der Region ist ebenfalls stark gefährdet. Die Tieflandregenwälder Südostasiens, oft in Verbund mit montanen Waldformationen sowie Sumpf- und Torfwäldern, beheimaten eine noch unbekannte Zahl an endemischen, also nur dort vorkommenden Arten. Allein die drei Biodiversitäts-Hotspots Sundaland, Wallacea (2) und die Philippinen beherbergen über 22.000 endemische Pflanzenarten, 150 gefährdete endemische Vogelarten und 150 gefährdete Säugetiere, von den vielen Tausenden Insekten- und anderen Arten ganz zu schweigen. Genau diese Waldformationen sind in den letzten Jahrzehnten fast verschwunden. Dies liegt an der in Südostasien verfolgten Entwicklungsstrategie und an der Position der Region im weltweiten Wirtschaftssystem. Länder wie Thailand, Malaysia oder Indonesien haben ganz bewusst eine exportorientierte Holzindustrie aufgebaut, die eng mit dem Staat verflochten war. Japanisches Kapital investierte in die Holzunternehmen, verkaufte die notwendigen Maschinen und war zugleich der größte Abnehmer für die Holzprodukte. In den 1970er- und 1980er-Jahren wurden so die meisten Primärwälder abgeholzt. Der malaysische Bundesstaat Sabah zum Beispiel exportierte zwischen 1963 und 1992 etwa 110 Millionen Kubikmeter Holz nach Japan. Im gleichen Zeitraum sank die Primärwaldfläche um 90 Prozent. (3) Die Forstpraxis dieser Zeit bestand darin, die kommerziell verwertbaren Stämme mit größerem Umfang zu ernten. Der zurückbleibende Wald war im Vergleich zum Primärwald stark degradiert, das Ökosystem empfindlich gestört. Gegen die Abholzung wehrten sich indigene Gruppen, deren Lebensweise auf ein intaktes Waldökosystem angewiesen war, wie die Penan im malaysischen Bundesstaat Sarawak, die über Jahre die Holzindustrie mit Straßenblockaden und Protesten behinderten.

Millionen Hektar Wald weichen »grünen Wüsten«

Trotzdem überleben die meisten Arten in degradierten Wäldern. (4) Wenn sie entsprechend geschützt werden, können sich die Wälder auch langfristig erholen. Das gefährlichere Problem und die Ursache für die Biodiversitätskrise unserer Zeit ist die Umwandlung dieser degradierten Flächen in Palmöl- und Zellstoffplantagen. Diese »grünen Wüsten« bestehen aus fremdartigen Monokulturen wie der aus Afrika importierten Ölpalme oder dem aus Australien eingeführten Eukalyptus und bieten nur wenigen Generalisten einen Lebensraum. Einmal umgewandelt, ist der Wald weg. Mögliche neue Aufforstungen können dann nur auf Arten aus anderen Gebieten zurückgreifen – die endemischen Arten gehen so für immer verloren.

„Ist der Wald einmal weg, können neue Aufforstungen nur auf Arten aus anderen Gebieten zurückgreifen – die endemischen Arten, die nur hier vorkommen, gehen so für immer verloren."

Die Expansion der Plantagen geht rasend voran. Zwischen 2000 und 2010 verlor Malaysia fast 15 Prozent seiner Wälder, darunter vier Millionen Hektar intakter Waldformationen. Im gleichen Zeitraum wurden 15 Millionen Hektar in Indonesien umgewandelt. Die artenreichen Tieflandregenwälder trifft es besonders hart. 2010 waren 70 Prozent von Sundalands Tieflandregenwäldern schon verloren. (vgl. Impuls S. 118) Auf Borneo wurden 90 Prozent der Palmölplantagen auf vormals mit Wald bedeckten Flächen errichtet. In der dortigen Provinz Westkalimantan sind mittlerweile 377 Palmölkonzessionen mit einer Fläche von fünf Millionen Hektar und 47 Zellstoffkonzessionen mit einer Fläche von 6,6 Millionen Hektar vergeben worden. Zusammen mit Bergbau- und Holzkonzessionen, die sich teilweise überlappen, bedecken diese nun 130 Prozent der Fläche der Provinz.
Ohne Lebensraum sterben die Arten aus. Zahlreiche Studien belegen den Artenverlust im Vergleich zu intakten Regenwäldern und zu degradierten Waldflächen. Bei der Umwandlung zu Palmölplantagen gehen 75 Prozent der Vogelarten und 80 Prozent der Schmetterlingsarten verloren. Ähnliche Zahlen gibt es für Insekten, Spinnen, Affen und Fledermäuse oder für Fischarten in Sumpfwäldern. Alle aus Naturschutzgründen relevanten Arten werden bei einer Umwandlung vernichtet. Bei einem Business as usual-Szenario könnte die Hälfte aller Vogelarten und ein Drittel aller Säugetierarten der Tieflandregenwälder in diesem Jahrhundert aussterben.

Grundnahrungsmittel mutieren zu Flex Crops

Trotz der doppelten Bedrohung von Klimawandel und Artensterben wird in Südostasien an der weiteren Expansion des Plantagenmodells festgehalten. Indonesiens Plan zur beschleunigten wirtschaftlichen Entwicklung des Landes, der Masterplan

for Acceleration and Expansion of Indonesia's Economic Development (MP3EI), sieht den Ausbau von Agrobusiness auf riesigen, zusammenhängenden Flächen vor, beispielsweise in der Merauke-Region in Westpapua. Das liegt daran, dass die Wirtschaftsregion fest in ein Akkumulationsregime in Händen von Unternehmen eingebettet ist, das der Historiker Philip McMichael als Corporate Food Regime bezeichnet. (5) In diesem beherrschen transnationale Unternehmen eine hochindustrialisierte Nahrungsmittelproduktion, die durch verzweigte globale Produktionsnetzwerke und räumlich diverse Beschaffungssysteme gekennzeichnet ist. Große Supermarktketten und Finanzinstitutionen üben zudem viel Einfluss aus.
Hinzu kommt, dass Grundnahrungsmittel zu sogenannten Flex Crops werden. Diese Feldfrüchte können als Nahrungsmittel, Futtermittel für die Massentierhaltung, Energiepflanze oder als chemischer Grundstoff verwendet werden. Fusionen zwischen Chemie- und Agrarunternehmen wie die jüngste Übernahme Monsantos durch Bayer sind ein Ausdruck davon. In der Palmölindustrie bedeutet dies, dass Palmöl sowohl als Grundstoff für die industrialisierte Nahrungsmittelindustrie fungiert (Fette, Fertiggerichte) als auch in der Massentierhaltung (Palmkernmehl), in der Chemie, in der Kosmetikindustrie und als Energiequelle (Kraftwerke und Agrodiesel) Verwendung findet. Palmöl ist deshalb so erfolgreich, weil es auf dem globalen Weltmarkt in großen Mengen und unschlagbar günstig angeboten werden kann. Auch die Papier- und Zellstoffindustrie wird von solchen transnationalen Unternehmen dominiert, wie beispielsweise dem zur indonesischen Sinar Mas-Gruppe gehörende Konzern Asia Pulp and Paper, der weltweit 18 Millionen Tonnen Zellstoff und Papier pro Jahr produziert.

Unglückselig verflochten: Politik und Palmölindustrie

Auch Thailand, Myanmar und die Philippinen wollen vom Palmölboom profitieren. Die Regierungen Südostasiens setzen auch deshalb auf die Palmölindustrie, weil diese mit den vielen Palmölmühlen, Raffinerien, Straßen, Lastwagen, Häfen und Tankern zur Industrialisierung ihrer Länder beitragen soll. Vor allem in Malaysia und Indonesien wird die Industrie von Großkonzernen dominiert, die über einen immensen politischen Einfluss verfügen. In Malaysia haben die Konzerne auch deshalb sehr kurze Wege in die Politik, weil sie zum Teil Staatsbetriebe sind. Aus der

> **„Bei einem Business as usual-Szenario könnten die Hälfte aller Vogelarten und ein Drittel aller Säugetierarten der Tieflandregenwälder Südostasiens in diesem Jahrhundert aussterben."**

ehemaligen Landreformbehörde Felda ist mittlerweile ein Palmölriese geworden. Noch größer ist der Konzern Sime Darby, der seinerseits aus der Fusion dreier verstaatlichter, vormals britischer Plantagenunternehmen hervorgegangen ist.
In einer detaillierten Studie der Verflechtungen zwischen Politik und Palmölindustrie in Indonesien zeigt die Wissenschaftlerin Helena Varkkey, wie die Unternehmen „lokale Politikgrößen und ihre Verwandten, Drei- und Viersterne-Generäle, Polizeichefs oder Beschäftigte der relevanten Ministerien" als Manager, Berater oder Lobbyisten einstellen. (6) So beschäftigt die Bakrie Brothers-Gruppe zwei ehemalige Landwirtschaftsminister in Managerpositionen. Sime Darby hat den einstigen Umweltminister Emil Salim und den Direktor der Indonesischen Zentralbank Arifin Siregar auf der Gehaltsliste. Auf der für die Vergabe von Konzessionen mittlerweile wichtigen Distriktebene sind die Verflechtungen zum Teil noch enger. So wundert es nicht, dass von der Zentralregierung bis zum Distriktgouverneur alle relevanten Entscheidungsträger auf eine weitere Expansion der Palmölindustrie setzen.

Auch Bioökonomie schützt die Arten nicht

Neben der Holzindustrie und der Plantagenwirtschaft sind neue Akteure hinzugekommen, die für die Artenvielfalt in Südostasien relevant sind. Die Life Science-Industrie, die Gentechnik, Biotechnologie, Pharmaindustrie, Biomedizin, Informationstechnologie und mehr verbindet, hat Akteure auf den Plan gerufen, die ökonomische Interessen an dem Zugang zu und der Erhaltung von genetischen Ressourcen haben. Mit dem TRIPS-Abkommen, dem Übereinkommen über handelsbezogene Aspekte der Rechte des geistigen Eigentums (Agreement on Trade-Related Aspects of Intellectual Property Rights) sowie in bilateralen Handelsverträgen verankerten verschärften Patentrechten haben diese Akteure die Privatisierung von Wissen und genetischen Informationen durchgesetzt. In Südostasien sind dies relevante Player, zum Beispiel der als Biopolis getaufte biomedizinische Hub (zentrale Stelle) in Singapur. Auch CO_2-Emissionen beziehungsweise der Handel mit Kohlenstoffsenken wie Wäldern sind zu einer milliardenschweren neuen Inwertsetzung der Natur geworden. Ein Geflecht aus Emissionshändlern, großen Umwelt-NGOs wie Conservation International, Finanzinstitutionen wie BHP Billiton, fossilen Unternehmen und Regierungsbehörden haben schon etliche REDD+-Projekte (7) in der Region initiiert. An den Regeln, die Wälder als Kohlenstoffsenke zu kommodifizieren, also zur Ware werden lassen sollen, wird noch gearbeitet.

Theoretisch müssten diese Industrien ein Interesse an der Erhaltung der Wälder in Südostasien haben. Doch Hoffnungen, dass es mit der Entwicklung der Bioökonomie zu einem Gegengewicht zur Plantagenwirtschaft kommen könnte, haben sich nicht erfüllt. Für den Nachschub von ethno-medizinischem Wissen und genetischen Informationen reichen die eingerichteten Nationalparks vollkommen aus. Die vielen REDD+-Projekte werden auch eher in und in der Nähe von unter Schutz stehenden Gebieten ausprobiert. Die Zielgruppe ist meistens die dort lebende Lokalbevölkerung. Diese sind aber nicht die Akteure, die Wälder in großflächige Monokulturen umwandeln.

Von konsumkritischen Ansätzen in einigen europäischen Ländern ist kein relevanter Einfluss zu erwarten. Dies liegt nicht nur daran, dass Indien und China mittlerweile mehr Palmöl importieren als Europa und die USA. Noch entscheidender ist die Tatsache, dass nicht Konsument(inn)en Palmöl kaufen, sondern Großkonzerne der Nahrungsmittel- und Chemieindustrie wie Nestlé, Unilever und Bayer-Monsanto oder Supermarktketten, die eigene Produktpaletten anbieten. Ein Merkmal des sogenannten Corporate Food Regimes ist aber, dass es die ethisch eingefärbten Wünsche der Konsument(inn)en virtuos bedienen kann. Es waren genau diese Unternehmen, die den – umstrittenen – Runden Tisch für Nachhaltiges Palmöl (Roundtable on Sustainable Palm Oil, RSPO) ins Leben riefen, der seit Jahren „nachhaltiges Palmöl" als Label anbietet. Die Expansion der Monokulturen und das Artensterben gehen indes ungehindert weiter.

Anmerkungen

(1) Hoegh-Guldberg, Ove et al. (2009): The Coral Triangle and Climate Change: Ecosystems, People and Societies at Risk. Brisbane.

(2) Sundaland ist ein von Meeren bedeckter Kontinentalschelf mit den Inseln Borneo, Sumatra, Java, Palawan und weiteren kleineren Inseln. Wallacea stellt das Übergangsgebiet zwischen asiatischer und australischer Fauna dar.

(3) Gunggut, Haijon et al.: Where Have all the Forests Gone? Deforestation in the Land Below the Wind. In: Procedia - Social and Behavioral Sciences 153/2014, S. 363–369.

(4) Wilcove, David S. et al.: Navjot's Nightmare Revisited: Logging, Agriculture, and Biodiversity in Southeast Asia. In: Trends in Ecology & Evolution 9/2013, S. 531–540.

(5) McMichael, Philip: A Food Regime Genealogy. In: The Journal of Peasant Studies 1/2009, S. 139–169.

(6) Varkkey, Helena: Patronage Politics, Plantation Fires and Transboundary Haze. In: Environmental Hazards 3-4/2013, S. 200–217.

(7) REDD+ ist die Überarbeitung des 2007 bei der UN-Klimakonferenz auf Bali eingeführten Klimaschutzinstruments REDD (Reducing Emissions from Deforestation and Degradation). Es soll die Emissionen aus Entwaldung und Degradierung von Flächen reduzieren helfen und die Erhaltung großflächiger Wälder als Kohlenstoffspeicher finanziell attraktiv machen.

Welches Asien-Klischee stimmt (nicht)?

Keines.

Zum Autor

Oliver Pye, geb. 1968, hat Forstwissenschaften studiert und ist seit 2005 Südostasienwissenschaftler an der Universität Bonn. Seine Forschungsschwerpunkte sind gesellschaftliche Naturverhältnisse, Globalisierung, Migration und soziale Bewegungen.

Kontakt

Dr. Oliver Pye
Universität Bonn
Institut für Orient- und Asienwissenschaften
Abteilung für Südostasienwissenschaft
E-Mail Oliver.pye@uni-bonn.de

Vision für ein gutes Leben auf dem Land

Damit die Saat aufgeht

Von Anja Mertineit

Die Anpassung der Agrarsysteme an Investoreninteressen hat für die Landbevölkerung Asiens wenig Gutes gebracht. Doch die Knospen des Wandels sprießen: Immer mehr Kleinbauern und -bäuerinnen erobern die vielfältigen Ernährungsgrundlagen zurück, ohne Natur und Klima zu schaden.

Stellen Sie sich vor, Hunger und Armut in Asien sind Geschichte, und das Leben auf dem Land in den so verschiedenen asiatischen Ländern bietet den Menschen Sicherheit und Auskommen und der Jugend eine Zukunft – ein Leben voller Initiative, Gleichberechtigung und Wertschätzung in einer gesunden, vielfältigen Umwelt, einem solidarischen, lebendigen Gemeinwesen und einer (Land-)Wirtschaft, die gute Ernährung und Wohlergehen sichert.

Diese Vision ist schwer vorstellbar, erlebt doch der Kontinent zurzeit noch Hunger, Ungerechtigkeit und Ausbeutung, tiefgehende Risse in den Gesellschaften und immense Umweltprobleme. Zwar nehmen Armut und Hunger auch in städtischen Räumen massiv zu – die Mehrzahl der in Asien hungernden Menschen lebt jedoch auf dem Land und ihre Existenz hängt in erster Linie von dem ab, was die Natur an Ressourcen bietet.

Die natürliche Lebensgrundlage wird kontinuierlich zerstört: So werden in Indonesien und Malaysia die Wälder abgeholzt und in Plantagen umgewandelt, um den Weltmarkt mit billigem Pflanzenöl zu versorgen (vgl. S. 68 ff.). Hochertragssor-

ten und Monokulturen, begleitet von hohem Einsatz von Düngern, Pestiziden und Wasser, haben die vielfältige, standortangepasste traditionelle Bewirtschaftung verdrängt. Dies hat für asiatische Bauern und Bäuerinnen, die dem Paradigma der sogenannten Grünen Revolution (1) gefolgt sind, Verschuldung und existenzielle Unsicherheit zur Folge, die Böden unfruchtbar gemacht, die Nahrungspalette und die biologische Vielfalt eingeschränkt und zu Risiken für Umwelt und Gesundheit geführt. Berichte von jährlich Tausenden von Bauernselbstmorden in Indien sind deutliche Zeichen für die dramatische Situation der Menschen, die von der Landwirtschaft leben (müssen) – eine Landwirtschaft in der Krise!
Der Klimawandel verschärft die Risiken: Pazifische Inseln gehen unter, Wirbelstürme und Überflutungen zerstören Existenzen in Bangladesch, Myanmar und den Philippinen; immer länger anhaltende Dürreperioden zehren die Reserven der bäuerlichen Gemeinschaften auf und gefährden auch die Trinkwasserversorgung der städtischen Zentren (vgl. S. 62 ff.).
Ein Teil dieser Probleme ist hausgemacht. Die Landwirtschaftspolitik etwa setzt nach wie vor in fast allen asiatischen Ländern auf konventionelle Landwirtschaft, lockt die Bauern und Bäuerinnen mit subventionierten Düngemitteln und propagiert den Anbau von Marktfrüchten zulasten der Nahrungsproduktion. Doch Soja und Maniok, Zuckerrohr, Ananas und Bananen, Palmöl und Baumwolle bringen nur selten die erwarteten Einkommen, denn die Marktpreise schwanken. In Jahren mit schlechter Produktion reicht der Ertrag nicht, um von hohen Preisen zu profitieren und die Schulden für die Inputs zurückzuzahlen, während in Jahren mit Rekordernten die niedrigen Marktpreise die Kosten nicht decken können.

Land Grabbing, Mangelernährung und Krankheiten

Die Regeln der Welthandelsorganisation und Handelsabkommen zwischen Staaten führen dazu, dass sich die Agrarmärkte der ärmeren Länder für die subventionierten Agrarprodukte aus Industrienationen wie Neuseeland, USA und den Ländern der EU öffnen, mit denen die heimischen Kleinbauern nicht konkurrieren können. Gleichzeitig wurden Programme zur Stützung der Abnahmepreise abgeschafft. Wie man es dreht und wendet: Die Kleinbauern und -bäuerinnen in den wirtschaftlich teils florierenden asiatischen Staaten sind die Verlierer(innen).

Der Begriff des Land Grabbing beschreibt treffend die systematische, großflächige Landnahme durch Konzerne, teils mit staatlicher Beteiligung, die es finanzstarken Investoren ermöglicht, sich Land in ärmeren Nationen anzueignen, zumeist um Agrar- und andere Rohstoffe auf den Weltmarkt zu bringen. Unternehmen aus China, Singapur und Vietnam investieren in die Landmärkte in Kambodscha, Indonesien, Myanmar und den Philippinen, deren Regierungen tendenziell gegen die Interessen ihrer Bürger(innen) handeln und die der Investoren bedienen. Ein einseitig profitables Geschäft: Es gibt bisher noch kein Beispiel für positive Wachstumsimpulse in den betroffenen Ländern, dafür aber viele Fälle von Vertreibung und Menschenrechtsverletzungen. Vor allem indigene Gemeinschaften, die ihre Territorien nachhaltig zu nutzen wissen, verlieren mit der Landnahme ihre Lebensgrundlage und kulturelle Identität.

„Auch in ländlichen Regionen ist die Diabetes auf dem Vormarsch und bunte Junk Food-Tütchen sind in den Kiosken der abgelegensten Dörfer zu finden.“

Weil sie traditionelle Mischkulturen aufgeben mussten, die der Gemeinschaft zur Versorgung mit Nahrung, Tierfutter, Baumaterialien und Brennstoffen dienen, hat sich auch die ohnehin oft benachteiligte Position der Frauen in den bäuerlichen Gemeinschaften weiter verschlechtert. Ohne eigene Nahrungsproduktion und ohne Kontrolle über die Familieneinnahmen sind sie nicht mehr in der Lage, eine gesunde Ernährung der Familie zu sichern. Zudem sind Frauen und Mädchen von Mangelernährung besonders betroffen.

Der Verlust einer vielfältigen Ernährungsgrundlage in einem sich wandelnden Agrarsystem ist nur ein Grund für Mangel- und Fehlernährung im ländlichen Raum. Auch der Wandel des Ernährungssystems wird immer stärker spürbar. Fast-, Convenience- und Junk-Food sind erfolgreiche Exportschlager einer globalisierten Ernährungsindustrie, die über massive Werbung ihre fett-, zucker- und salzhaltigen Produkte platziert und die lohnenden Märkte der asiatischen Staaten abschöpfen will. Arme Menschen geben ihr weniges Geld aus, um sich billige, aber ungesunde Instantnudeln und Chipstütchen, produziert von internationalen Lebensmittelkonzernen, zu kaufen, während Obst, Gemüse, Eier und Fleisch vergleichsweise teuer sind. Fettleibigkeit und Herzkreislauferkrankungen sind nicht nur in der asiatischen Mittelschicht Anzeichen für eine neue bewegungsarme, konsumorientierte Lebensweise. Auch in ländlichen Regionen ist die Diabetes auf dem Vormarsch und bunte Junk Food-Tütchen sind in den Kiosken der abgelegensten Dörfer zu finden. Statt durch staatliche Informations- und Förderprogramme eine ausgewogene Ernährung und vielfältige Landwirtschaft zu stärken, werden technologische Lösungen gesucht, und die Agrar- und Ernährungsindustrie wirbt ungehindert für ihre Rezepte, die der komplexen Problemlage nicht gerecht werden. Zum Beispiel will sie mit teuren, angereicherten Keksen in Schulspeisungsprogrammen Fuß fassen und so nun auch noch mit der Beseitigung von Mangelerscheinungen Geld verdienen, zu der sie selbst beiträgt.

Bäuerliche Innovation und Solidarität

Die Herausforderungen für das ländliche Asien sind enorm, aber die Knospen des Wandels sprießen: Immer mehr Menschen beschäftigen sich mit Post-Wachstum, Degrowth und den Bedingungen für ein gutes Leben und üben eine andere Lebenspraxis ein. Einige der vielfältigen, Mut machenden Initiativen im ländlichen Raum werden von Organisationen wie Misereor unterstützt, meist entstehen sie aus der Notwendigkeit und aus eigener Kraft heraus (vgl. S. 119). Sie laufen teils im Stillen ab, individuell, in kleinen Gruppen oder Gemeinden, in einigen Fällen wirkt ihre transformatorische Kraft auch auf die Bewohner(inne)n der Städte, beeinflusst die Politik und bedroht die Industrielobby.

Vielerorts und unter widrigsten Bedingungen schaffen es Kleinbauern und -bäuerinnen, ihre traditionellen Mischkulturen zu beleben und weiterzuentwickeln. Sie sammeln und erhalten traditionelle Sorten und Pflanzenarten, um die Vielfalt auf ihren Äckern und ihrem Speisezettel zu erhöhen. Sie finden widerstandsfähige Haustierrassen, gleichzeitig Lieferanten von Dung und Protein, Zug- und Tragkräfte sowie Einkommensquelle. Mit nachhaltigen, an den Standort angepassten Kulturtechniken nutzen die Kleinproduzent(inn)en die lokalen Gegebenheiten, erhalten Boden und Umwelt, wirtschaften wassersparend; dies alles kreativ und innovativ, um mit den Folgen des Klimawandels einigermaßen umgehen zu können, aber auch mit den Auswirkungen einer nationalen und globalen Landwirtschafts-, Handels- und Investitionspolitik und einer Agrarforschung, die den Interessen der Kleinbauern zuwiderlaufen. Sie organisieren sich, formieren Widerstand, wirken in die Politik und suchen den Schulterschluss mit ähnlich Denkenden.

Breites Engagement für Ernährungssouveränität

Vielfältig sind die Alternativen, die lokales Wissen und Traditionen indigener Gemeinschaften für die Landwirtschaft und den Umgang mit der Natur bereithalten. Im von Dürreperioden gebeutelten indischen Mahratvadi-Distrikt im ländlichen Maharashtra, der für die vielen Bauernselbstmorde bekannt ist, belegen engagierte Frauen, dass eine agrarökologische, diversifizierte Landwirtschaft in Frauenhand die Ernährung und Gesundheit der Familie verbessert und Einkommen schafft. Sie haben auch während der Jahrhundertdürren 2015 und 2016 gezeigt, dass die Produktion von Gemüse und Hülsenfrüchten für die Familien viel ökonomischer ist als die am Markt orientierte Produktion von Soja und Zuckerrohr, die den Bauern von den Agrarberatern nahegebracht wird. Die von Frauen geleitete Organisation Swayam Shikshan Prayog hat den Kleinbäuerinnen den Rücken gestärkt und ihr Wissen, ihr Selbstvertrauen, ihr unternehmerisches Handeln befördert. Auf kleinen Flächen, die sie ihren Familien abgerungen haben, beweisen die Frauen in der Praxis, wie eine zukunftsfähige Landwirtschaft aussehen kann und wie sich Gendergerechtigkeit leben lässt. In diesem Umfeld haben heute auch Mädchen wieder eine Zukunft.
Im indonesischen Westsumatra haben Bauerngruppen herausgefunden, dass ihr traditionelles Landwirtschaftssystem Umu dem von der Regierung geförderten Ölpalmenanbau weit überlegen ist. Es liefert den Gemeinschaften fast alles, was sie brauchen, erhält den Naturraum und macht sie unabhängig.
Eine Komponente, die in der modernen Welt fast vergessen und in vielen asiatischen Initiativen wieder auf dem Vormarsch ist: aus dem Wald und von den Feldrändern gesammelte Nahrung. Sie ist eine unvergleichliche Quelle gesunder Lebensmittel und verbindet die Menschen in Zeit und Raum mit dem Rhythmus der

Natur. In verschiedenen großen und kleinen Städten Asiens bilden sich vielfältige Initiativen, um Produktion und Konsum wieder zusammenzubringen und das Verständnis und die Wertschätzung füreinander wachsen zu lassen: Sie reichen von Bauernmärkten über Einkaufskooperativen hin zu Allianzen zwischen Straßenhändler(inne)n und den städtischen Arbeiter(inne)n.

Die Menschen, die hinter diesen Alternativen stehen, engagieren sich für Ernährungssouveränität, also für den Anspruch der ländlichen und zunehmend auch der städtischen Bevölkerung, ihr Ernährungssystem selbst zu kontrollieren. Dazu gehören auch der Kampf um Land- und Waldrechte, demokratische Teilhabe, Gendergerechtigkeit und souveräne Handelsbeziehungen. Wenn Regierungen, die Wissenschaft und die internationale Gemeinschaft anfangen, die beschriebenen Initiativen zu unterstützen und gemeinsam mit den Menschen nachhaltige, gerechte Lösungen entwickeln, dann kann auch die motivierende Eingangsvision eines von Hunger und Armut befreiten Asiens eines Tages Realität werden.

Anmerkung

(1) Als Grüne Revolution wird die in den 1960er-Jahren begonnene Entwicklung moderner landwirtschaftlicher Hochleistungs- respektive Hochertragssorten und deren Verbreitung in den Ländern des Südens bezeichnet. Zwar verbesserte sich die Ernährungssituation vieler Menschen, allerdings ging und geht die Grüne Revolution mit gravierenden Umweltschäden einher, Kleinbauern und -bäuerinnen wurden von den industriell bewirtschafteten Flächen verdrängt, die Grundwasservorräte übermäßig genutzt.

Welches Asien-Klischee stimmt (nicht)?

Asiaten verstecken sich hinter einem Lächeln! Kann ich nicht bestätigen, nach unzähligen lächelnden Augen-Blicken im Dorf, auf dem Weg, dem Markt, von Frau zu Frau und Herz zu Herz!

Zur Autorin

Anja Mertineit, geb. 1964, studierte Gartenbau und ist Referentin für ländliche Entwicklung bei Misereor.

Kontakt

Anja Mertineit
Bischöfliches Hilfswerk Misereor e.V.
Asienabteilung
E-Mail anja.mertineit@misereor.de

Bergbau in der Mongolei

Vom Zerstören einer Kultur

Von Jan Felgentreu

Wie so oft hat der Bergbau auch in der Mongolei bislang nur Wenige reich gemacht, dafür aber eine Menge ökologischer und sozialer Probleme aufgehäuft: Historische Orte verschwinden, Brunnen trocknen aus und die Armut wächst. Zudem konterkariert der Abbau von Kupfer, Gold oder Uran die traditionell tiefe Verbundenheit der Menschen mit der Natur.

Ende des 20. Jahrhunderts stand die Mongolei vor zwei großen Herausforderungen: der Demokratisierung des Landes nach fast 70 Jahren Sozialismus und der Erschließung gewaltiger Rohstoffvorkommen und Ressourcen zum Wohle aller Bürger(innen). Heute, nach rund 25 Jahren Demokratisierung, hat der Bergbau positive wie negative Effekte auf Gesellschaft, Natur und Umwelt gezeitigt, und bis jetzt ist nicht abzusehen, in welche Richtung sich die Mongolei weiterentwickelt. Nach wie vor im Raum steht beispielsweise die Frage, ob die jahrtausendealte Nomadenkultur das prägende Element der mongolischen Gesellschaft bleiben kann oder ob die industrialisierte Nutzung und Erschließung der Bodenschätze ohne Rücksichtnahme auf Traditionen die Industrialisierung des Landes einleiten wird. Die Mongolei zählt zu den rohstoffreichsten Ländern der Welt, nicht nur aufgrund der großen Kohle-, Gold- und Kupfervorkommen. Auch Eisen, Zink, Uran, Molybdän, Öl, Silber und Seltene Erden machen das Land zu einer der am stärksten wachsenden Volkswirtschaften Asiens. Schwerpunkt der Rohstoffförderung ist die

Wüste Gobi mit den weltweit zu den größten zählenden Vorkommen an Kohle, Kupfer und Gold. Die Kohleabbaugebiete Tavan Tolgoi, Tsagaan Tolgoi und Ovoot Tolgoi, das Kupferabbaugebiet Oyu Tolgoi und das Kharmagtal (Gold, Kupfer) beherbergen riesige Lagerstätten, die zum Teil seit einigen Jahren ausgebeutet werden beziehungsweise erst noch erschlossen werden müssen.

Im Fokus ausländischer Investoren

Es überrascht nicht, dass ab Mitte der 1990er-Jahre das Interesse an den Bodenschätzen der Mongolei gewachsen ist. Besonders China und die westliche Welt haben einen enormen Rohstoffhunger. Zurzeit sind im Land rund 60 internationale Bergbaufirmen aktiv, angeführt von Australien, Kanada und China (Hongkong). Die Mongolei selbst ist nicht in der Lage, die riesigen Rohstoffvorkommen für sich zu nutzen. Es fehlt an Geld, an Know-how, an Infrastruktur. Deshalb entwickelte sich eine gewisse Abhängigkeit von ausländischen Investitionen respektive von einzelnen großen, international agierenden Bergbaufirmen wie Ivanhoe Mines oder Rio Tinto. Diese haben sogar Kredite an das Land vergeben und sich damit Vorteile bei den Bergbau-Vertragsverhandlungen erkauft. Vertragsverhandlungen mit ausländischen Bergbaukonzernen gelten bis heute als sensibles Thema in der mongolischen Politik und Öffentlichkeit, sind sie doch häufig mit Korruption verbunden. Zu einem Politikum wurde der Bergbau auch deshalb, weil ein nahezu kompletter Förderstopp in den Jahren 2014/2015 – verursacht durch die Gier einiger mongolischer Politiker(innen) und falsch abgeschlossene Verträge – die bisher größte wirtschaftliche Krise seit der Unabhängigkeit der Mongolei ausgelöst hat. Der Förderstopp führte zu einem massiven Währungsverfall, steigender Inflation und infolgedessen zu großer Unzufriedenheit in der Bevölkerung. Mittlerweile haben sich Regierung und die internationalen Firmen geeinigt und die Förderung von Kohle, Gold und Kupfer ist wieder angelaufen.

Die Mongolei ist ein riesiger Binnenstaat mit wenig Infrastruktur, dünn besiedelten Gebieten, einem strengen Kontinentalklima und einer Bevölkerung, die zur Hälfte in der Hauptstadt Ulaanbataar lebt. Einst herrschten traditionell Viehzucht und Nomadenkultur vor, in Teilen des Landes existieren sie auch heute noch. Es gibt wenig Produktion von Konsumgütern, wenig produzierende Industrie, und die

Agrarwirtschaft hängt stark vom Klima ab. Bis auf die Grundnahrungsmittel und einige Baustoffe muss daher fast alles importiert werden. Die Produkte kommen zu über 50 Prozent aus dem Nachbarland China. Die Mongolei hingegen exportiert neben Bodenschätzen fast nur Rohkaschmir und Wolle. Der Bergbau ist der größte Arbeitgeber und die wichtigste Einnahmequelle des Staates.
Bergbau und Bodenschätze wurden seit der Demokratisierung des Landes immer als nationales Allgemeingut für die Mongolei bezeichnet. Jede Regierung hat eine Beteiligung der Bevölkerung an den Direkteinnahmen und Aktien versprochen. Verwirklicht wurden bisher verschiedene Infrastrukturprojekte, die Bürokratie wurde etwas abgebaut, die Gesetzgebung reformiert und Maßnahmen wurden beschlossen, um den Lebensstandard zu verbessern. Den Bürger(inne)n reichen diese Maßnahmen jedoch nicht. Da sie um den Reichtum des Landes wissen, wünschen sie sich einen direkten persönlichen Profit aus dem Bergbau. Die 2016 neu gewählte Regierung und der seit 2017 amtierende Präsident Khaltmaa Battulga haben dem Volk versprochen, mit den Bodenschätzen sorgfältig umzugehen und den Ausverkauf des Landes nicht zu fördern. Kein leichtes Unterfangen, da die Mongolei seit 2017, um einen Staatsbankrott abzuwenden, Kreditnehmerin des Internationalen Währungsfonds ist, der einschneidende Sparmaßnahmen verlangt.

Einst galt für Bergbau die Todesstrafe

Traditionell tragen die Nomad(inn)en hohe, schwere Stiefel, die bis heute zur Alltags- und Festtagskleidung gehören. Die Besonderheit des speziellen Schuhwerks ist die auffällig nach oben gebogene Schuhspitze. Die »Mutter Erde« ist für die Mongol(inn)en so heilig und wird so innig verehrt, dass niemand sie mit seinen Füßen respektive Schuhen verletzen will. Dieses besondere Verhältnis zur Natur ist tief in der Kultur verwurzelt. Die Verletzung der Erde durch Bergbau und Rohstoffausbeutung widerspricht dieser Haltung; sie konterkariert die Verbundenheit der Menschen mit der Natur und ihre tiefe Hochachtung vor allem, was Mutter Erde geschaffen hat. Diese Haltung aufzugeben und den Bergbau zu akzeptieren, ja aktiv daran mitzuarbeiten, nur um westlich zu leben, reich zu werden, das Nomadenleben aufzugeben und in die Hauptstadt ziehen zu können – damit haben viele Menschen in der Mongolei ein echtes Problem.

„Seit in der Mongolei wirtschaftlicher Erfolg und Geld für viele Leute maßgebend sind, ist das Land gespalten.“

Der industrielle Abbau von Bodenschätzen im Land verstößt nach Auffassung vieler eindeutig gegen die Traditionen von Tengerismus (Naturreligion), Buddhismus (Lamaismus) und der Nomadenkultur. Bis zur Gründung des sozialistischen Staates Mongolei war Bergbau für die Bevölkerung streng verboten. Sogar die Todesstrafe wurde dafür verhängt. Allerdings gelang es schon damals einigen Russen und anderen Europäern in kleinem Umfang Gold zu schürfen. Aber allgemein galt, sowohl im Buddhismus als auch beim Schamanentum, die Erde wird nicht verletzt, um das Gleichgewicht nicht zu stören.
Heute sind historische Plätze, wie ehemalige Klöster, Hunnengräber und andere archäologische Stätten, durch den Bergbau bereits in Mitleidenschaft gezogen. Schritt für Schritt werden Teile der alten mongolischen Kultur zerstört; die Schaftschuhe der Mongol(inn)en sind ein Beispiel dafür, dass letztlich nur noch die symbolische Bedeutung bleibt. Kein Wunder, dass sich Bürgerproteste regen, sich Selbsthilfegruppen gründen und teilweise mit harten Bandagen gegen in- und ausländische Bergbaufirmen gekämpft wird. Der Bergbau in der Mongolei hat eine innere Unruhe in der Gesellschaft ausgelöst.

Folgen für Umwelt und Gesundheit

Wendet man den Blick zum großen Nachbarn im Süden, sieht man, was eine jahrzehntelange gnadenlose Rohstoffausbeute anrichten kann. In der inneren Mongolei in der Volksrepublik China (1) wurden Rohstoffe wie Kohle komplett abgebaut, die Wüstenbildung wird immer stärker und in weiten Gebieten sieht es aus wie auf dem Mond.
Auch in der Mongolei gibt es riesige Schutthalden und stillgelegte Tagebaue in vielen Teilen des Landes. Illegale Abholzungen finden statt, Weideflächen und Grasland, die Grundlage der Nomadenkultur, werden zerstört. Bei rund 70 Millionen

Tieren hat das die Überweidung der verbliebenen Flächen zur Folge; da nicht alle Tiere ernährt werden können, kam es in den vergangenen Wintern zu Viehsterben, außerdem mehren sich Tierseuchen.
Ein weiteres Problem und Ergebnis von exzessivem Gold- und Kohleabbau ist der sinkende Grundwasserspiegel; ganze Flüsse, Brunnen und Quellen trocknen aus. Das gilt vor allem für die Gobiregion, wo Wasser schon immer knapp war. Fast die Hälfte der Flüsse im Süden der Mongolei ist vom Versiegen bedroht. Dazu kommt die gravierende Verschmutzung der Gewässer in der Nähe von Bergbaugebieten. Durch Wolframabbau im Altai, Goldwaschen in der Mittelgobi oder Goldgewinnung im Norden des Landes nehmen Krebserkrankungen, Tot- und Missgeburten sowie Todesfälle in den betreffenden Regionen zu.
Hinzu kommt der illegale Bergbau durch illegale Goldgräber, die sich erst recht nicht an Umweltauflagen oder andere gesetzliche Vorschriften des Bergbaus halten, sondern rücksichtslos Chemikalien einsetzen, um Restvorkommen aus bereits stillgelegten Minen zu fördern. Ein weiteres Resultat des Bergbaus: Jahr für Jahr sterben Heilpflanzen aus, die in der traditionellen mongolischen Medizin verwendet werden.

Die Schere zwischen Arm und Reich weitet sich

Der mongolische Schriftsteller Galsan Tschinag hat einmal gesagt: „Wenn es noch Menschen gibt, die rundum zufrieden sind auf unserer kleinen Welt, dann sind es die mongolischen Nomaden". Seit in der Mongolei aber wirtschaftlicher Erfolg und Geld für viele Leute maßgebend sind, ist das Land gespalten. Der Bergbau hat nur eine winzige Minderheit in der Mongolei reich gemacht. Die Gewinne gehen in die Hauptstadt Ulaanbaatar, während die lokalen Verwaltungseinheiten (Aimags) wenig vom Rohstoffreichtum in ihren Gebieten profitieren und die Armut auf dem Land wächst. Das größte Problem der mongolischen Gesellschaft wird in der Zukunft die immer größer werdende Schere zwischen Arm und Reich sein.
Obwohl der Bergbau der größte Arbeitgeber ist, werden die mongolischen Arbeiter oft zum Spielball der Politik und der Streitereien zwischen Regierung und ausländischen Investoren. Immer mal wieder steht die Produktion still, werden massenhaft Menschen entlassen. Aber da es in der Mongolei nur wenig Arbeitsplätze und

Chancen für junge Leute gibt, verführt das (häufig nur kurzzeitig) hohe Monatsgehalt die Viehzüchterjugend dazu, nach Ulaanbaatar abzuwandern und neue Arbeit in westlich geführten Unternehmen zu suchen. Traditionell gewachsene Familienstrukturen zerbrechen und die jungen Leute landen in der Hauptstadt häufig in einem von Arbeitslosigkeit und Kriminalität geprägten Slum am Stadtrand.
Trotz rasantem Wirtschaftswachstum in der Vergangenheit, einem bis jetzt anhaltenden Bauboom in der Hauptstadt, dem Ausbau der Infrastruktur und den großen Rohstoffvorkommen im Land kommt die Mongolei nicht richtig voran. Zudem wackelt die Regierung im Moment. Niemand kann ernsthaft eine Prognose über die Zukunft der Mongolei mit ihren enormen Ressourcen und Möglichkeiten abgeben. Es bleibt also abzuwarten, ob es gelingt, die schwierige Balance zwischen einem auf Ausbeutung gegründetem Wirtschaftswachstum und der Bewahrung der traditionellen Kultur und Umwelt zu finden.

Anmerkung

(1) Während die Innere Mongolei ein autonomes Gebiet Chinas bezeichnet, ist die äußere Mongolei gleichbedeutend mit dem Staat Mongolei.

Welches Asien-Klischee stimmt (nicht)?

Lange galt in der Mongolei: „So wie der Mut der Mongolen unendlich ist, so ist der Wert ihrer Pferde unermesslich" und „Wer ein Pferd hat und läuft, ist selbst schuld." Heutzutage haben Motorrad und Auto das Pferd abgelöst.

Zum Autor

Jan Felgentreu, geb. 1966, Kulturwissenschaftler, war Sozialarbeiter und Freizeitpädagoge, außerdem Entwicklungshelfer in der Mongolei. Derzeit ist er als Berater für Entwicklungsprojekte in der Mongolei tätig.

Kontakt

Jan Felgentreu
E-Mail jan.felgentreu@posteo.de

Armutsminderung und klimaneutrale Stadtentwicklung

Modernes Yin und Yang

Von Almuth Schauber

Die Zivilgesellschaft muss sich schleunigst der Dynamik und Brisanz bewusst werden, die sich durch die Megatrends Urbanisierung und Klimawandel entfalten. Andernfalls gestalten der Privatsektor und technikaffine Politikberater die Zukunft der Städte allein. Ob diese dann ökologisch nachhaltig sind und die städtische Armut der Vergangenheit angehört, ist fraglich.

Veränderungsprozesse können so beiläufig geschehen, dass sie zunächst kaum wahrgenommen werden. Auf gegenwärtige Urbanisierungsprozesse trifft das zu. Nach Schätzungen der Vereinten Nationen wird die Weltbevölkerung bis 2050 auf 9,6 Milliarden Menschen ansteigen, 6,3 Milliarden davon werden in Städten leben. (1) Faktisch wird die Hälfte der urbanen Weltbevölkerung Städte bewohnen, die es heute noch gar nicht gibt. Ein Großteil dieses Wachstums findet in Asien statt. In Indien und China wird die urbane Bevölkerung um 404 Millionen respektive 292 Millionen Menschen zulegen, in Indonesien und Pakistan werden es jeweils 50 Millionen sein. Wie wird sich das Leben anfühlen in einem weitgehend urbanisierten Asien? Wo werden die Menschen ihre für die Identitätsbildung wichtigen sozialen Handlungs- und Gestaltungsräume finden? Und werden diese allen Bewohner(inne)n der Städte offen stehen?

Die stetige Zunahme urbaner Bevölkerung muss als Fakt und der Prozess der Urbanisierung als unumkehrbar eingeschätzt werden. Insbesondere in Asien steckt die Wahrnehmung des Urbanisierungsprozesses voller Widersprüche. Zwar lebt auf diesem Kontinent mehr als die Hälfte der urbanen Weltbevölkerung. Doch ist der Anteil der Stadtbevölkerung an der Gesamtbevölkerung mit 48 Prozent nur deshalb so hoch, weil das bevölkerungsreiche China in die Statistik mit einfließt. Die Identität vieler Länder ist nach wie vor ländlich geprägt. Ein gutes Beispiel für die Identifikation mit dem ländlichen Raum sind die Philippinen, deren Urbanisierungsgrad zwischen 50 und 60 Prozent angegeben wird. Metro-Manila (13 Millionen Menschen) ist mit dem umgebenden Speckgürtel (24 Millionen Menschen) eine der größten Agglomerationen Asiens, doch dies dringt nicht in das Bewusstsein und gesellschaftliche Erzählungen ein.

Nur scheinbar geringes Städtewachstum

Die Veränderungen in Städten und ländlichen Provinznestern in Asien werden zunächst als beunruhigend wahrgenommen. Das ist nachvollziehbar, denn überall fehlt es an Wohnraum, an Basisinfrastrukturen, an Bildungs- und Gesundheitseinrichtungen, an Möglichkeiten, Einkommen zu erwirtschaften, insgesamt an Optionen, ein gutes, würdiges Leben zu entfalten. Es mangelt an materiellen und finanziellen Ressourcen, personellem Know-how, Bewusstsein für die Urbanisierung als Megatrend und nicht zuletzt an der Fantasie, wie die Veränderungen so gestaltbar sein könnten, dass lebenswerte Städte für alle entstehen.

Städte und insbesondere städtische Armensiedlungen sind auch aufgrund prekärer Lebenssituationen für viele ein Schreckgespenst. Unglücklicherweise verknüpft sich dies mit dem Ansehen der Ärmsten. Diskriminierungen sind in allen Gesellschaftsschichten verbreitet. Und dies, obwohl es gerade die städtischen Armen sind, die mit ihrem Service als Straßenhändler(innen), Servicekraft oder Kindermädchen das Leben vieler angenehm und flexibel gestalten.

Beruhigend wirken die scheinbar niedrigen Raten urbanen Wachstums, etwa der Urbanisierungsgrad in Indien, der zwischen 2000 und 2010 von 28 auf 31 Prozent gestiegen ist. Auch in anderen Ländern wird eine jährliche Zunahme städtischer Bevölkerung von drei Prozent gegenüber der Gesamtbevölkerung ohne Aufregung zur Kenntnis genommen, auch wenn dies in weniger als zehn Jahren eine Verschiebung der Gesamtbevölkerung um ein Drittel bedeutet. Insgesamt führt dieses

Bündel an Haltungen dazu, dass Urbanisierung immer noch als normative Frage behandelt wird, als eine Option. Mit dieser Haltung als Ausgangsposition geben jedoch insbesondere weite Teile der asiatischen Zivilgesellschaft die Chance auf, das Jahrhundert der Städte gemeinsam mit der wachsenden Zahl armer Bevölkerungsgruppen aktiv mitzugestalten. Städtische Armut ist nach wie vor ein blinder Fleck, übrigens auch auf dem Radar der Hilfswerke, die sich weiterhin prioritär oder ausschließlich in ländlichen Räumen engagieren. In der Folge fehlt es den wenigen zivilgesellschaftlichen Organisationen, die sich mit städtischer Armut beschäftigen, an Unterstützung und Kooperationsmöglichkeiten für ihre Anliegen.

In den Startlöchern: nicht nachhaltige Infrastrukturprojekte

Aufmerksamkeit schenken den Urbanisierungsprozessen in Asien dagegen Klimawissenschaftler(innen) sowie der internationale Finanz- und Privatsektor. Städte verbrauchen 70 Prozent der weltweit genutzten Energie und stoßen 70 Prozent des weltweit emittierten CO_2 aus. Entsprechend spielen urbane Zentren eine essenzielle Rolle beim Klimaschutz, auch aufgrund ihrer Bevölkerungszunahme. Würden die neu entstehenden asiatischen Städte so gestaltet, dass ihr Energiebedarf gering ist, ließe sich der zukünftige weltweite Energiebedarf um sage und schreibe 25 Prozent reduzieren. Der Privatsektor wiederum hat den Markt dringend benötigter urbaner Infrastrukturen längst entdeckt. In Zeiten niedriger Zinsen sind Infrastrukturen interessante Geschäftsmodelle: Mautstraßen, Shopping Malls oder Smart City-Projekte sichern jahrelang Renditen. Viele dieser Projekte entsprechen allerdings weder den Anforderungen klimaneutraler, ökologisch nachhaltiger Stadtentwicklung noch denen einer sozial gerechten Stadt.

Zwar ist die Klimaneutralität asiatischer Städte eine unverzichtbare Stellschraube bei der globalen Bewältigung des Klimawandels. Dennoch gilt es zu berücksichtigen, dass die städtischen Bewohner(innen) unter höchst vielfältigen Voraussetzungen leben und ihre unterschiedlichen Lebensstile in divergierenden Verbräuchen von Energie und damit Emissionen von Klimagasen resultieren. Der Energieverbrauch armer städtischer Bewohner(innen) in Delhi schlägt mit einer CO_2-Emission in Höhe von 0,5 Tonnen pro Kopf und Jahr zu Buche, die untere Mittelschicht emittiert bereits 2,7 Tonnen. Aus der Armutsperspektive muss es deshalb darum gehen,

> **„Besonders perfide wäre es, wenn Arme aus dem Fokus klimaneutraler Stadtentwicklung gerieten, gerade weil sie einen so geringen Ressourcenverbrauch haben."**

urbane Armutsminderung und urbanen Ressourcen- und Klimaschutz als gleichberechtigte Ziele zu verfolgen. Doch damit tut sich Klimaschutz noch schwer. Besonders perfide wäre es, wenn Arme aus dem Fokus klimaneutraler Stadtentwicklung gerieten, gerade weil sie einen so geringen Ressourcenverbrauch haben. Nicht zuletzt deshalb, weil eine Verbesserung der Lebenssituation städtischer Armer wiederum zu einem höheren Ressourcenverbrauch führen würde, müssen Armutsminderung und klimaneutrale Stadtentwicklung zusammengedacht werden.

Angesichts des Handlungsdrucks, der vom Klimaschutz ausgeht, tritt die Anpassung an die Folgen des Klimawandels in den Hintergrund der internationalen Wahrnehmung. Vom Anstieg des Meeresspiegels sind asiatische Städte überproportional betroffen. Aber auch Überschwemmungen und Dürren, schwere Stürme, Hitzewellen und Erdrutsche setzen Städten zu. Mehr noch als ihre Aufgabe, den Klimawandel einzudämmen, sehen sich asiatische Städte aktuell in der Pflicht, ihre Bewohner(innen) vor den vielfältigen Folgen des Klimawandels zu schützen.

Urbane Klimapolitik ohne menschenrechtliche Verankerung

Die Anstrengungen, die viele Kommunen unternehmen, sind an sich positiv, denn es sind ja besonders die armen Bevölkerungsgruppen, die in Gefahrenzonen leben, etwa an Flussufern, Mündungsbereichen, an steilen Abhängen, Verkehrsinfrastrukturen und sogar unter Starkstrommasten. Allerdings führen die Maßnahmen häufig zu einem massiven räumlichen und sozialen Umbau ganzer Städte, von dem städtische Arme besonders betroffen sind.

Die Philippinen leiden mit am stärksten unter den Folgen des Klimawandels. Nachdem Taifun Ketsana 2009 mehr als tausend Menschen in Metro-Manila getötet hatte, wurde für den Raum ein Flood Management Program initiiert. Dieses Programm zum Management von Überflutungen beinhaltet die Umsiedlung vieler Menschen: 1,2 Millionen Bewohner(innen) von Gefahrenzonen wurden identifiziert, sehr viele von ihnen müssen ihre Wohnungen dauerhaft aufgeben. Bevor ein kleiner Fördertopf aufgelegt wurde, um neue Wohnungen zu bezuschussen, wurden Tausende Familien umgesiedelt. Die neuen Siedlungen sind Elendsquartiere, die Menschen erhalten erst nach jahrelangem Kampf Wasser- und Stromanschlüsse, Schulen und grundlegende Gesundheitseinrichtungen. Die Betroffenen pendeln häufig stundenlang und geben oft 40 Prozent ihres täglichen Einkommens für Transportmittel aus. Zivilgesellschaftliche Gruppen konnten mittlerweile erreichen, dass zuerst alle Optionen geprüft werden, vor Ort wohnen zu bleiben. Basis für diese innovativen Ansätze sind die sogenannten People's Plans, welche die von Umsiedlung Bedrohten selbst erarbeiten. Bislang gibt es ausschließlich für die Region Metro-Manila einen Fördertopf, obwohl landesweit Damm- und Deichbauprojekte in Küstenstädten jeweils Tausende Familien obdachlos machen.

Es geht um die Balance ganzer Länder

Es ist höchste Zeit, dass sich insbesondere zivilgesellschaftliche Organisationen der Dynamik und Brisanz bewusst werden, die sich durch die Megatrends Urbanisierung und Klimawandel in Asien entfalten. In Städten bündeln sich unterschiedliche Interessen auf engstem Raum, deshalb ist das Fehlen von Konzepten des ökosozialen Wandels, der gleichzeitig die Interessen und Rechte der Armen als prioritär anerkennt, unverzeihlich. Werden Urbanisierung, Stadtentwicklungsprozesse und urbane Klimapolitik weiterhin von der asiatischen und weltweiten Zivilgesellschaft weitgehend ignoriert, delegieren sie die Gestaltung gesellschaftlicher Zukunftsfragen letztlich an Bankinstitute und technikaffine Naturwissenschaftler(innen), die die Politik beraten.

Dringend erforderlich sind basisnah konzipierte Visionen gerechter Stadtentwicklung, die zum Ziel hat, Armut zu überwinden und lebenswerte Städte für alle zu schaffen. Ein wichtiger Schritt in diese Richtung ist es, genauere Kenntnisse über die Lebenssituation in unterschiedlichen Stadtteilen zu gewinnen und jeweils lokal zu einer realistischen Einschätzung städtischer Armut zu gelangen. Je mehr Menschen in Städten leben, desto stärker werden sich soziale, ökonomische und ökologische Problemfelder in einem urbanen Kontext manifestieren. Die Entwicklung politischer und sozialer Teilhabe, die auf der Kenntnis der Lebensbedingungen aufbaut, ist unverzichtbar. Spezifische Problemlagen, die sich aus dem Zusammenleben auf engstem Raum, immensen Einkommensdifferenzen und unterschiedlichen Entwicklungschancen ergeben, müssen dringend in Lösungsansätze überführt werden. Darüber hinaus gilt es Modelle guten Lebens zu finden, die ressourcen- und klimaschonende Wege aus der Armut ebnen.

Es geht um nichts Geringeres als die Balance ganzer Stadtgesellschaften und mit diesen um die Balance ganzer Länder. Diese Balance steht bereits dann auf dem Spiel, wenn, wie in Tacloban (Philippinen) geplant, durch Klimawandelanpassungsmaßnahmen mehr als die Hälfte der Bevölkerung ihre Wohnungen kompensationslos aufgeben soll und ihr Schicksal kaum Beachtung findet. Die vorliegenden Pläne beschränken sich auf technische Aspekte des Küstenschutzes und klammern soziale Folgewirkungen vollständig aus. Damit steht dieser Plan sinnbildlich Pate für ein sich urbanisierendes Asien, dessen Gesellschaften aus den Fugen zu geraten drohen, sollten die tiefgreifenden Veränderungen, die Urbanisierung und Klimawandel mit sich bringen, weiterhin bagatellisiert und verkannt werden.

Anmerkung

(1) Die Autorin hält auf Anfrage eine detaillierte Quellenliste bereit.

Welches Asien-Klischee stimmt (nicht)?

Die leichte Kost. Die Grundregel meines chinesischen Nachbars in Norghana lautete: Nimm mindestens eine, besser zwei großzügige Portionen Öl. Seither mache ich mehr Sport.

Zur Autorin

Almuth Schauber, geb. 1966, Politikwissenschaftlerin, ist Referentin für städtische Armut bei Misereor.

Kontakt

Dr. Almuth Schauber
Bischöfliches Hilfswerk Misereor
E-Mail Almuth.Schauber@misereor.de

RISIKEN UND CHANCEN

Asiens Wirtschaftsaufschwung geht zulasten der Umwelt und der Gesundheit, daher verbreitet sich die Überzeugung, dass Asien nachhaltiges Wachstum braucht. Von sozialer Natur sind die Schwierigkeiten, vor denen die Ex-Militärdiktatur Myanmar und das ehemalige Bürgerkriegsland Sri Lanka stehen. – Wie will Vietnam seine Ökonomie begrünen? Wie lassen sich schwelende ethnische Konflikte beilegen? Was ist Asiens großes Pfund bei der Meisterung der ökologischen und sozialen Herausforderungen?

Green Growth in Asien

Vorreiter Vietnam

Von Michael von Hauff

Die Wirtschaft in Vietnam brummt, vor allem aufgrund der intensiven Nutzung natürlicher Ressourcen. Das hat Folgen für die Umwelt, die Gesundheit der Bevölkerung und ihren Zusammenhalt. Doch das Land hat reagiert und verfolgt seit Kurzem eine der umfangreichsten und ambitioniertesten Strategien grünen Wachstums im asiatischen Raum.

Seit Vietnam im Jahr 1986 seine Doi Moi genannte Reformpolitik eingeleitet hat, weist das Land eine überwiegend positive wirtschaftliche Entwicklung auf, der auch international große Beachtung zuteil wird. (1) Neben steigenden Pro-Kopf-Einkommen, die mit einer Armutsminderung einhergingen, finden die überdurchschnittlich hohen Wachstumsraten von mehr als sechs Prozent in den vergangenen Jahren eine besondere Anerkennung. Für 2017 hat die Asiatische Entwicklungsbank 6,3 Prozent Wachstum prognostiziert, womit Vietnam von der Abschwächung im asiatischen Raum nicht betroffen ist. Das Land gehört somit zu den schnell wachsenden Ökonomien, zumal sein Exportmarkt belastbarer ist als jener von anderen aufstrebenden asiatischen Ländern wie Singapur oder China. Da erwartet wird, dass Vietnam auch in Zukunft zu den attraktivsten Produktionsstandorten der Region gehört, wird der Zufluss ausländischer Direktinvestitionen (Foreign Direct Investments, FDI) weiter anhalten. Dies wirkt sich ebenfalls positiv auf die Wachstumsdynamik aus.

Die internationale Wahrnehmung vernachlässigt jedoch vielfach, dass das extraktivistische Wachstumsmodell Vietnams wichtige Prozesse für eine ausbalancierte wirtschaftliche Entwicklung auslässt und mit einer enormen Ausbeutung von Ressourcen einhergeht. Die Ausbeutung billiger Arbeitskräfte und die Ausbeutung natürlicher Ressourcen wie Rohöl, Kohle, Eisen, Zinn, Chrom und Bauxit als bedeutende Exportgüter ist eine alles andere als nachhaltige Entwicklung. Die Folgen für die Natur, die Gesundheit der Bevölkerung und die negativen Auswirkungen für die Gesellschaft bleiben bei der einseitigen ökonomischen Bewertung unberücksichtigt.

Gefahren für Mensch und Umwelt

Die Bodenschätze werden mit teilweise verheerenden ökologischen Folgen abgebaut. Die Waldflächen nehmen ab, die Fischbestände sind rückläufig. Als das bedeutendste Umweltproblem wird in Vietnam aber vielfach die schlechte Wasserqualität gesehen. Neben der Belastung von Seen und Flüssen sind 65 Prozent der Trinkwasserbrunnen mit Schadstoffen wie Arsen belastet. 64 Millionen Menschen sind direkt von der Wasserverschmutzung betroffen, etwa vier Fünftel der Durchfallerkrankungen lassen sich auf verschmutztes Wasser zurückführen. Auch die Fischerei und der Tourismus sind beeinträchtigt. Infolge der Wasserverschmutzung sind in Vietnam im Zeitraum von 2005 bis 2010 jährlich Kosten im Umfang von drei Prozent des Bruttoinlandsprodukts (BIP) entstanden.
2014 befand sich Vietnam neben China, Indien, Myanmar und Laos nach dem Environmental Performance Index, der die ökologische Leistungsbilanz von Ländern und Unternehmen misst, erneut auf der Liste der zehn Länder mit der weltweit schlechtesten Luftqualität. Vor allem die Regionen um die Städte wie Ho Chi Minh und Hanoi erregen Besorgnis. So ist die Gesundheit vieler Menschen beispielsweise in starkem Maß durch eine hohe Feinstaubbelastung beeinträchtigt. Bereits 2007 überstieg die Feinstaubbelastung in Hanoi den Richtwert der Weltgesundheitsorganisation um das Vierfache. Hinsichtlich der Treibhausgasemissionen wird bis 2030 eine Verdreifachung erwartet, was neben den gesundheitlichen Risiken auch den Klimawandel fördert. Der Wohlfahrtsverlust stieg im Zeitraum von 1990 bis 2013 von 4,8 Prozent auf 5,18 Prozent des BIP. Statistisch sterben 83,2 Menschen

jährlich pro 100.000 Einwohner(innen) in Vietnam aufgrund der Luftverschmutzung. Eine der wichtigsten natürlichen Ressourcen ist Bauxit, Vietnam hat Vorkommen von etwa acht Milliarden Tonnen. Die Regierung plant, den Abbau des wichtigsten Rohstoffs für die Aluminiumproduktion mithilfe ausländischer Investoren stark zu fördern. Die zu erwartenden Umweltprobleme werden in zunehmendem Maße auch zu einem gesellschaftlichen Problem: Die Bauxitvorkommen befinden sich im Hochland Vietnams, wo bisher überwiegend Kaffee und Tee angebaut werden. Der geplante Bauxitabbau bedroht also auch die Existenz vieler Bauern und Bäuerinnen.
Nicht zuletzt wirken sich mittlerweile die Folgen des Klimawandels negativ auf die ökologischen Systeme und die Gesellschaft, aber auch auf die wirtschaftliche Entwicklung des Landes aus. Daher gilt der Klimawandel – Vietnams extrem lange Küstenlinie umfasst immerhin etwa 3.600 Kilometer – als ein wesentlicher Motivator für die Neuorientierung der vietnamesischen Regierung in Richtung nachhaltiges Wachstum.
Das Problem, dass die Wachstumsdynamik Vietnams auf der intensiven Nutzung der natürlichen Ressourcen gründet, wird von der Regierung in zunehmendem Maße erkannt, und man ist um grünes oder nachhaltiges Wachstum (Green Growth) bemüht.

Die Ziele grünen Wachstums in Vietnam

Green Growth respektive nachhaltiges Wachstum wird heute von vielen internationalen Organisationen gefordert und gefördert und findet besonders im asiatischen Raum große Beachtung. Die massiven Umweltbelastungen in Vietnam haben die Regierung des Landes dazu veranlasst, die einseitige Entwicklung einzubremsen. Deshalb hat sie im Jahr 2012 eine „Vietnam National Green Growth Strategy" (VNGGS) verabschiedet. Darin heißt es: Es gilt ein schnelles, effizientes und nachhaltiges Wachstum zu gewährleisten, um einen bedeutenden Beitrag zur nationalen Klimaschutzstrategie zu leisten. Grünes Wachstum soll zur Beschäftigung, Armutsbekämpfung und zur Verbesserung des materiellen und geistigen Lebens aller Menschen in Vietnam dienen. Alle Ebenen der Politik, Wirtschaft und Gesellschaft sind für die Realisierung des grünen Wachstums verantwortlich.

„Grünes Wachstum soll zur Beschäftigung, Armutsbekämpfung und zur Verbesserung des materiellen und geistigen Lebens aller Menschen in Vietnam beitragen.“

Für die VNGGS hat Vietnam einen Dreistufenplan entwickelt. Für den ersten Zeitraum (2011–2020) nennt die Strategie als konkrete Ziele:

- die Intensität der Treibhausgasemissionen reduzieren und die Nutzung von sauberer und erneuerbarer Energie zu fördern,
- die Treibhausgasemissionen um acht bis zehn Prozent gegenüber 2010 zu verringern,
- den Energieverbrauch pro BIP-Einheit um ein bis 1,5 Prozent pro Jahr zu senken und
- die Treibhausgasemissionen des Energiesektors (auf freiwilliger Basis respektive mit internationaler Unterstützung) um zehn bis 20 Prozent zu reduzieren.

In der folgenden Dekade bis 2030 geht es darum, die jährlichen Treibhausgasemissionen um mindestens 1,5 bis zwei Prozent pro Jahr zu reduzieren und die Treibhausgasemissionen, die aus dem Energieverbrauch resultieren, um 20 bis 30 Prozent zu verringern. Bis 2050 sollen grüne Energie und grüne Technologien allgemeiner Standard sein.

Zur umweltfreundlichen Produktion führt die Strategie folgende Ziele auf:

- eine „saubere Industrialisierungsstrategie“ durch sektorale Masterpläne umzusetzen,
- die natürlichen Ressourcen effizient zu nutzen,
- grüne Technologien zu fördern und
- einen umweltfreundlichen Lebensstil und nachhaltigen Konsum zu unterstützen.

Bei der Vietnam National Green Growth Strategy handelt es sich um eine sehr ambitionierte Strategie, die mit internationaler Unterstützung, insbesondere durch Expert(inn)en aus Deutschland, ausgestaltet und umgesetzt werden soll. Da die Situation Vietnams im Umweltschutz und im Sozialbereich noch auf einem relativ geringen Niveau ist, steht nicht zu erwarten, dass die Ziele in vollem Maße erreicht werden. Positiv zu bewerten ist jedoch, dass Vietnam den Pfad zu Grünem Wachstum eingeschlagen hat. 2014 wurde die VNGGS um einen nationalen Aktionsplan, den „Vietnam Green Growth Action Plan“ (VGGAP), erweitert. Mithilfe des Aktionsplans sollen Umsetzungsmaßnahmen strukturiert und organisiert eingeführt werden. Die Maßnahmen sollen sich an den Zielen orientieren. In diesem Zusammenhang wurden die Provinzen verpflichtet, einen eigenen Green Growth-Aktionsplan auszuarbeiten. Ein wichtiger Bestandteil zur Bewertung der Strategie ist ein Indikatorensystem, das sich ebenfalls an den Zielen der VNGGS orientieren soll. Ein weiterer bedeutsamer Schritt zur Umsetzung der Strategie besteht darin, Investitionsrichtlinien für ausländische Direktinvestitionen zu erstellen und eine Förderorganisation einzurichten.

Auch die SDGs stehen im Fokus

In jüngerer Vergangenheit hat sich die Regierung Vietnams auch ausdrücklich den Nachhaltigen Entwicklungszielen (Sustainable Development Goals, SDGs) zugewandt, etwa im Rahmen eines Aktionsplans zur Implementierung der Agenda 2030, dem „National Action Plan – Implementation Agenda 2030 for the Sustainable Development". Im übergeordneten Ziel heißt es: „Die Regierung zielt darauf ab, dauerhaftes Wachstum in Verbindung mit Umweltschutz und einer effizienten Ressourcennutzung zu erreichen, aktiv auf den Klimawandel zu reagieren, und es soll sichergestellt werden, dass alle Menschen die Möglichkeit haben, an den positiven Errungenschaften teilzuhaben." So soll eine wohlhabende Gesellschaft in Vietnam in Frieden und Fairness aufgebaut werden.

Der Prozess von der Vietnam National Green Growth Strategy bis zum nationalen Umsetzungsplan der Agenda 2030 wurde durch eine Reihe verabschiedeter Gesetze begleitet und konkretisiert. Allerdings wurden die Aktionspläne noch nicht ausreichend aufeinander abgestimmt und selbst Expert(inn)en in Vietnam können noch keinen konkreten Handlungsplan seitens der Regierung und anderer Expert(inn)en erkennen. Das erschwert die konkrete Umsetzung der verschiedenen Vorhaben.

Vietnam verfolgt im asiatischen Raum eine der umfangreichsten und ambitioniertesten Strategien grünen Wachstums. Obwohl die Kommunistische Partei und damit auch die Ein-Parteien-Regierung in der sozialistischen Republik eine zentrale Rolle einnehmen, gibt es bei der Umsetzung der Green Growth-Strategie einige Hemmnisse. Der Bildungsstand der Bevölkerung und die Verfügbarkeit von Fachkräften im Kontext einer grünen Wachstumsstrategie sind essenziell für die Akzeptanz der Strategie einerseits und für die aktive Mitwirkung der Bevölkerung bei ihrer Implementierung andererseits – der nachhaltige Konsum beispielsweise ist ein wichtiger Bestandteil der Strategie. Ein weiteres Hemmnis findet sich im Energiesektor, der die Umwelt stark belastet, weil die Kohleindustrie in Vietnam ein bedeutender staatlicher Wirtschaftssektor ist, in dem viele Arbeitsplätze angesiedelt sind. Es besteht die Befürchtung, dass die Förderung regenerativer Energie zu einem Nettoverlust an Arbeitsplätzen führt.

Das zukünftige wirtschaftliche Wachstum Vietnams wird weiterhin in starkem Maße durch ausländische Direktinvestitionen, die FDIs, geprägt, weshalb die Regierung bestrebt ist, dass Vietnam seine starke Position beim Zufluss von FDIs beibehält. Dabei wird bisher noch nicht zwischen umweltfreundlichen und umweltschädlichen respektive zwischen arbeitnehmerfreundlichen und lohndrückenden Direktinvestitionen unterschieden. Es gibt allerdings erste Bemühungen ein eigenes Konzept zur nachhaltigen Bewertung von FDIs zu entwickeln. Insofern ist man in Vietnam bemüht, die Rahmenbedingungen für ein grünes Wachstum auf verschiedenen Ebenen weiterzuentwickeln.

Anmerkung

(1) Eine ausführliche Quellenliste hält der Autor auf Anfrage bereit.

Welches Asien-Klischee stimmt (nicht)?

Asiatische Länder sind mindestens so unterschiedlich wie die EU-Mitgliedsländer. Insofern kann es für mich kein Asien-Klischee geben.

Zum Autor

Michael von Hauff, geb. 1947, ist seit 1991 Professor für Volkswirtschaftslehre an der TU Kaiserslautern. Er hielt Gastvorlesungen an der Nanyang Technological University in Singapur, der Jawaharlal Nehru University in Delhi und dem Institute of Economics in Rangun, Myanmar.

Kontakt

Prof. Dr. Michael von Hauff
Technische Universität Kaiserslautern
Lehrstuhl für Wirtschaftspolitik
E-Mail hauff@wiwi.uni-kl.de

Der steinige Weg zur Demokratie in Myanmar

Zwischen Euphorie und Ernüchterung

Von Wolfram Schaffar

Die politische Öffnung der ehemaligen Militärdiktatur Myanmar geht langsamer voran als erhofft. Vor allem der Völkermord an der Rohingya-Minderheit sorgt für Aufruhr und steht einer jungen Demokratie schlecht zu Gesicht. Immerhin lässt der Reformprozess vielerorts neue lokale staatliche Strukturen entstehen.

Lange Zeit sah es so aus, als schriebe Myanmar, auch Burma oder Birma genannt, eine Erfolgsgeschichte: Im Frühjahr 2016 wurde Aung San Suu Kyi, die wegen ihres Eintretens für Demokratie fast 20 Jahre lang unter Hausarrest und im Gefängnis saß und für ihren Kampf mit dem Friedensnobelpreis ausgezeichnet wurde, nach einem erdrutschartigen Sieg bei den Wahlen de facto Regierungschefin. Viele sahen in diesem Schritt die Vollendung des steinigen Weges Myanmars von der Militärdiktatur zur Demokratie. (1)

Seit Sommer 2017 vertiefen sich jedoch die ethnischen Konflikte im ganzen Land. Die mit muslimischen Rohingya-Rebellen im Nordwesten geführten Auseinandersetzungen eskalierten und das Einschreiten des Militärs Ende August 2017 führte zu etwa 500.000 Vertriebenen, was von den Vereinten Nationen mittlerweile als ethnische Säuberung und von der französischen Regierung als Völkermord bezeichnet wird. Aung San Suu Kyi jedoch behauptet öffentlich, dass der Westen einem Eisberg an Fehlinformationen aufsitzen würde. Wie passt das zusammen?

Zu Beginn der Reformen 2010/2011 schienen die Schritte der politischen Öffnung in Myanmar unglaubhaft: Warum sollte eine Militärregierung, die sich knapp 25 Jahre lang an der Macht gehalten hat, plötzlich eines Besseren besinnen? Doch die Reformen gingen voran – ganz nach dem Plan der Militärs: Erst wurde 2008 eine Verfassung verabschiedet, dann wurden 2010 Wahlen angesetzt, die nicht frei waren und bei denen sich die Militärs eine Mehrheit im neu geschaffenen Parlament sicherten. Der neue Präsident, Thein Sein, erstaunte jedoch die Weltöffentlichkeit mit der Entscheidung, ein umstrittenes Staudammprojekt im Norden des Landes zu stoppen, und signalisierte damit die Bereitschaft zu einem echten politischen Dialog. Danach überschlugen sich die guten Nachrichten aus Myanmar: Die Verwaltung wurde reformiert, Regionalparlamente wurden eingerichtet, Gewerkschaften, NGOs und Parteien legalisiert, unabhängige Medien wurden ins Leben gerufen. Myanmar wurde über Nacht zum Darling der Weltgemeinschaft, zur Erfolgsgeschichte der internationalen Diplomatie und Entwicklungszusammenarbeit.

Eher Metamorphose denn Transformation

Dabei geriet in den Hintergrund, dass der Prozess der Öffnung von Anfang an von oben kontrolliert ablief. Die Militärs wollten sicherstellen, dass sie und die Oligarchen (in Myanmar werden sie Cronies genannt) ihren Einfluss behalten und ihre Dominanz im Gewand einer kontrollierten Demokratie dauerhaft sichern können. Das Land erlebte also eher eine Metamorphose denn eine Transformation.

Diese Strategie war umfassend: Die Militärs gründeten eine Massenorganisation, die sie in eine Partei überführten, die Union Solidarity and Development Party (Vereinigung Solidarität und Entwicklung, USDP) als flächendeckend präsente Konkurrenz zur National League for Democracy (Nationale Liga für Demokratie, NLD) von Aung San Suu Kyi. Sie nahmen einen Artikel in die Verfassung auf, der Personen mit ausländischen Familienangehörigen vom Präsidentenamt ausschließt, um zu verhindern, dass Aung San Suu Kyi Präsidentin würde. Und sie reservierten eine Sperrminorität von 25 Prozent der Sitze im Parlament für Militärangehörige, womit eine Verfassungsänderung ausgeschlossen ist.

Vor der Wahl im November 2015 war daher keinesfalls klar, dass die NLD gewinnen könnte. Zu den Schachzügen der USDP traten innere Probleme der NLD: Die

> **„Seit der Unabhängigkeit 1947 präsentiert sich das Militär als einzige Kraft, die in der Lage ist, den Vielvölkerstaat zusammenzuhalten."**

Partei verfügte nicht über eine Massenbasis und war weitgehend auf die Person von Aung San Suu Kyi zugeschnitten. Um das Ziel eines Regierungswechsels nicht zu gefährden, führte sie die Partei zentralistisch und straff. Das machte die Partei besonders für junge Menschen unattraktiv, zumal verhindert wurde, dass jüngeres Führungspersonal aufsteigen konnte. Vor allem aber konnte die Partei kaum in die Gesellschaft hineinwirken. Es gelang ihr nicht, eine politische Bewegung zu werden. Trotz dieser Schwäche gewann die NLD und die Klarheit des Ergebnisses war auch für sie selbst eine Überraschung. Aung San Suu Kyi erwies sich als sehr kluge Strategin. Zwar war ihr der Zugang zum Amt der Präsidentin verwehrt, doch konnte sie durch einen Trick eine Bestimmung in der Verfassung nutzen, um das neue Amt eines State Counselor (vergleichbar mit dem Amt eines Premierministers) zu schaffen. Darüber hinaus übernahm sie die Leitung des Präsidialamts und konnte das Präsidialsystem in einer Art Kanzlerdemokratie umwandeln, in der sie nun de facto zur Regierungschefin aufgestiegen ist.

Zäher Kampf hinter den Kulissen

Vor dem Hintergrund des Wahlerfolgs und unter internationaler Aufmerksamkeit musste das Militär die veränderten Realitäten hinnehmen. Es behielt jedoch die Kontrolle über drei Schlüsselministerien: das Innen-, das Verteidigungs- und das Grenzministerium. Es deutet viel darauf hin, dass hinter den Kulissen zäh um die Macht im Staat gerungen wird. Im Januar 2017 wurde Ko Ni direkt vor dem internationalen Flughafen in Yangon erschossen. Er war Jurist und einer der zentralen Berater von Aung San Suu Kyi. Auf ihn geht das Konstrukt des State Counselor zurück. Darüber hinaus soll er auch eine Strategie zur Änderung der Verfassung vorbereitet haben. Aung San Suu Kyi äußerte sich einen ganzen Monat lang nicht

öffentlich zu diesem spektakulären politischen Mord, der die Auseinandersetzung um die Macht wie eine blutige Fehde erscheinen lässt, bei der jedes Mittel recht ist. Es deutet auch viel darauf hin, dass das Militär – oder Teile davon – bei der jüngsten Eskalation der ethnischen Konflikte eine Hand im Spiel hat. Jedenfalls folgt dieser Konflikt einem bekannten Muster: Seit der Unabhängigkeit 1947 präsentiert sich das Militär als einzige Kraft, die in der Lage ist, den Vielvölkerstaat zusammenzuhalten. Ethnische Unruhen – so das Kalkül – diskreditieren und delegitimieren die zivile Regierung und lassen den Ruf nach einer starken Hand laut werden. Und diskreditiert ist Aung San Suu Kyi – zumindest im Ausland, wo nach ihrem Schweigen Rufe nach der Aberkennung des Nobelpreises laut wurden.
Aung San Suu Kyi ist in der Defensive und bereits am 30. März 2017 – zum Jahrestag ihrer Regierungsübernahme – klang sie fast resigniert, als sie in einer Fernsehansprache eingestand: „Wir wissen, dass wir nicht in der Lage waren, so viele Fortschritte zu erzielen, wie die Menschen wollten." Sie fügte an: „Wenn Sie denken, dass ich für dieses Land und seine Bewohner nicht gut genug bin, wenn jemand oder eine Organisation das besser machen kann als wir, sind wir bereit, zurückzutreten." Doch sie versprach auch: „Wir können unsere Ziele sehen und marschieren in die Richtung, sie zu erreichen."

Nachholende Wirtschaftsentwicklung angepeilt

Doch was sind das für Ziele? Ein Grund für die Schwäche der Regierung liegt wahrscheinlich darin, dass der gesamte Reformprozess ein Top Down-Prozess geblieben ist. Für einen wirklichen Wandel wäre es nötig gewesen, Demokratie und Mitbestimmung von unten aufzubauen. Wegen der mangelnden Massenbasis der NLD und ihrer eingeschränkten Mobilisierungsfähigkeit war es ihr nicht möglich, eine von einer demokratischen Vision getragene Aufbruchsstimmung zu erzeugen.
Die gleiche Konzept- und Visionsarmut herrscht auch in anderen Bereichen. Als Entwicklungskonzept wird eine nachholende wirtschaftliche Entwicklung verfolgt, nach dem bekannten Muster: Ausbeutung von natürlichen Rohstoffen und billiger Arbeitskraft. Unter der lahmenden Weltwirtschaft ist dieses Konzept jedoch nur schwer umzusetzen. So verlässt man sich auf ausländische Investitionen, die allerdings hauptsächlich in der Metropole Yangon ankommen und dort zu einem

Immobilienboom, unbezahlbaren Mieten und verstopften Straßen führen. Mit Kambodscha und Vietnam konkurriert man um die Ansiedlung von Sweatshops und verzeichnet es als Erfolg, dass die Exporte von Kleidung sich zwischen 2010 und 2014 verdreifacht haben und 2015 bereits zehn Prozent der Exporteinnahmen ausmachten – natürlich auf dem Rücken der Arbeiter(innen), deren Löhne weit unter denen der Nachbarländer liegen. Weitere Prestigeprojekte wie drei Tiefseehäfen mit angeschlossenen Ölpipelines, Bahn und Straßenverbindungen durch das Land, die das Hinterland über Wirtschaftskorridore in den südostasiatischen Wirtschaftsraum und nach China integrieren sollen, haben noch kaum zu wirtschaftlichem Aufschwung geführt, sondern vielmehr ethnische Auseinandersetzungen und Landkonflikte neu angefacht.

Alternative Entwicklungskonzepte, die angesichts der lahmenden Weltkonjunktur, der sichtbaren Grenzen des Wachstums und des Klimawandels dringend nötig wären, sind weitgehend unbekannt. Ebenso fehlen Konzepte, die massive soziale Ungleichheit zu überwinden. Eine sozial-ökologische Transformation wird – anders als in vielen lateinamerikanischen Ländern – allenfalls in Nischen diskutiert.

Demokratie und Staatsaufbau von unten

Es wäre jedoch falsch, ein komplett düsteres Bild zu zeichnen, so wie viele ausländische NGOs das bereits 2013/2014 taten: Nur in Yangon sei eine Öffnung zu spüren. Im Hinterland habe sich noch nichts geändert. Auch wenn der politische Reformprozess als Top Down-Prozess begann, hat er an vielen Orten eine Eigendynamik entwickelt. Im Windschatten einzelner Waffenstillstandsabkommen konnten vielerorts neue lokale staatliche Strukturen entstehen, über die auch frühere jahrzehntelange ethnische Konflikte transformiert wurden: Im Kayah- und Karen-Staat – zwei der bis 2012 am heftigsten umkämpften Gebiete – etabliert sich gegenwärtig eine eigene Gerichtsbarkeit auf der Grundlage von praktiziertem Rechtspluralismus. Im Chin-Staat formieren sich lokale Gemeinschaften und berufen sich auf Gewohnheitsrechte in der Landnutzung, neue und alte Landkonflikte können nun erstmals juristisch bearbeitet werden. Über eigens errichtete Schulen jenseits des öffentlichen Erziehungssystems wird bei den Karen sowie im Mon-Staat mit mehrsprachigen Unterrichtsmethoden experimentiert. Da sie nahe an den Menschen implementiert werden, berechtigen diese Strukturen zu der Hoffnung, Vertrauen in staatliche Verwaltung aufzubauen. In Zukunft könnten sie viel mehr Autorität genießen als die zentrale Staatsgewalt. Es bleibt jedoch offen, wie diese neuen Strukturen später mit den zentralen staatlichen Strukturen interagieren können.

Benachbart von neuen autoritären Regimen

Die Entwicklungen in Myanmar, die das Potenzial haben, den Reformprozess von unten zu stützen und ihm eine Bedeutung und Vision zu verleihen, finden bisher auf lokaler Ebene statt. Auf nationaler Ebene ist Myanmar in Südostasien gegenwärtig von Entdemokratisierung und der Etablierung von neuen autoritären Regimen umgeben - wie zum Beispiel auf den Philippinen oder in Indonesien. Besonders dramatisch ist die Entwicklung in Thailand, dem unmittelbaren Nachbarland Myanmars, wo seit dem Putsch von 2014 ein höchst autoritäres Militärregime seine Macht konsolidiert. Es wäre fatal, wenn sich die burmesischen Militärs dadurch ermutigt sähen, über einen Putsch die Macht wieder völlig an sich zu ziehen und die vorsichtige Demokratisierung im Land jäh zu beenden.

Anmerkung

(1) Eine detaillierte Quellenliste hält der Autor auf Anfrage bereit.

Welches Asien-Klischee stimmt (nicht)?
Die beste japanische Nudelsuppe gibt es in Wien, und sie wird von drei Russen zubereitet.

Zum Autor
Wolfram Schaffar, geb. 1969, ist Professor für Entwicklungsforschung und Politikwissenschaft an der Universität Wien. Er hat an der Chulalongkorn Universität in Bangkok und an der Universität von Rangun in Myanmar unterrichtet.

Kontakt
Prof. Dr. Wolfram Schaffar
Universität Wien
Institut für Internationale Entwicklung
E-Mail wolfram.schaffar@univie.ac.at

Ethnische Konflikte in Sri Lanka

Langwierige Versöhnung

Von Jehan Perera

Nach dem Kriegsende in Sri Lanka schwelt der ethnische Konflikt weiter. Um ihn endlich zu befrieden, muss die Regierung die Ursachen des Krieges aufarbeiten und den ethnischen und religiösen Minderheiten mehr Möglichkeiten zugestehen, an nationalen Entscheidungen mitzuwirken.

2009 endete der beinahe drei Jahrzehnte andauernde Bürgerkrieg in Sri Lanka auf dem Schlachtfeld. Die politische und militärische Führung der siegreichen Regierung, insbesondere Präsident Mahinda Rajapaksa und seine Kollegen, wurden zu Kriegshelden erklärt. Zuvor hatten die meisten Militärexperten und akademischen Analyst(inn)en bezweifelt, dass es eine militärische Lösung des Krieges geben könne. Die Kriegsführenden, Angehörige der Tamilen der Liberation Tigers of Tamil Eelam (LTTE) und die von Singhalesen dominierte Regierung Sri Lankas, hatten sich auch allen Versuchen, ein friedliches Ende der Auseinandersetzungen auszuhandeln, widersetzt – zwei mit indischer Vermittlung (1985, 1987) und einem Versuch unter Mitwirkung Norwegens im Jahr 2002, unterstützt von den westlichen Mächten.

Heute, mehr als acht Jahre nach Kriegsende, ist Sri Lanka noch immer ein geteiltes Land, der ethnische Konflikt ließ sich nicht beilegen. Die politischen Ursachen, die zu drei Jahrzehnten Krieg geführt hatten, sind größtenteils noch immer nicht aufgearbeitet. Zudem muss sich Sri Lanka mit den Nachwirkungen des Krieges und schweren Menschenrechtsverletzungen, die während des Krieges begangen wurden, auseinandersetzen. Dass der Krieg mit Tausenden zivilen Opfern und Exekutionen der LTTE-Führungsmitglieder sowie ihrer Familien endete, hat die Tamilen verbittert und dem Land anhaltende internationale Aufmerksamkeit beschert. Der Menschenrechtsrat der Vereinten Nationen hat seit 2009 vier Resolutionen erlassen, doch die von Präsident Rajapaksa geführte Regierung lehnte alle ab. Sie behauptete, die Anschuldigungen bezüglich Menschenrechtsverletzungen, zivilen Opfern und Kriegsverbrechen seien übertrieben. Entgegen der Hoffnung, dass das Ende des Krieges zu demokratischen Reformen und damit zur Dezentralisierung von Macht und Verantwortung führen würde, schrumpften in der Nachkriegszeit die Möglichkeit der politischen Teilhabe für die Zivilbevölkerung Sri Lankas im Zuge der Aushöhlung des Rechtsstaats und einer zunehmend zentralisierten autoritären Herrschaft. Die Regierung von Präsident Rajapaksa versagte darin, das Kriegskapitel zu schließen: Sie forschte weder nach den wahren Ereignissen noch suchte sie nach den Verantwortlichen für die Kriegsverbrechen. Sie entschädigte die Opfer nicht und ließ keinerlei Engagement für politische Reformen erkennen, die die Wunden des Krieges hätten heilen und die Tamil-Bevölkerung für sich gewinnen können.

Neues System mit Einheitsregierung

Bei der Präsidentschaftswahl im Januar 2015 und den Parlamentswahlen im August desselben Jahres setzte sich eine knappe Mehrheit der Wähler(innen) gegen die amtierende Regierung durch. Die ethnischen Minderheiten stimmten geschlossen gegen die Rajapaksa-Regierung. Heute hat Sri Lanka eine nationale Einheitsregierung (Government of National Unity), gebildet aus den beiden größten, traditionell konkurrierenden Parteien: der von Premierminister Ranil Wickremesinghe geführten United National Party (UNP) und der Sri Lanka Freedom Party (SLFP) unter Vorsitz von Präsident Maithripala Sirisena. Zwar verlangsamt der Umstand, dass es zwei gleich starke Machtpositionen gibt, die Entscheidungsfindung. Positiv betrachtet bietet die Bildung einer Regierung der nationalen Einheit zwischen der UNP und der SLFP eine reale Möglichkeit, dass die Verfassung geändert und das Versagen der Vergangenheit überwunden wird. Das UNP-SLFP-Bündnis hat eine Zweidrittelmehrheit im Parlament, die durch die Unterstützung durch die Parteien der ethnischen Minderheiten gestärkt wird. Sind sich die Führer der beiden Parteien einig, gibt es im Parlament keine Hindernisse mehr. Die Herausforderung besteht nun darin, die Mehrheit der Bevölkerung mit auf die Reise zu einem neuen politischen System zu nehmen, in dem die ethnischen Minderheiten mehr Mitwirkungsmöglichkeiten bekommen und das Gefühl der Zugehörigkeit erfahren.

Friedensprozess und Übergangsjustiz

2015 wagte die neue Regierung den kühnen Schritt, für die Resolution des UN-Menschenrechtsrates vom Oktober des gleichen Jahres zu werben, die sich für Versöhnung, die Übernahme von Verantwortung sowie für Menschenrechte in Sri Lanka ausspricht. Die Regierung versprach, vier Mechanismen einer Übergangsjustiz zu installieren: eine Wahrheitskommission, einen Sondergerichtshof, ein Vermisstenbüro und ein Büro für Entschädigungen. Der Beschluss über die Förderung von Versöhnung, Verantwortung und Menschenrechten in Sri Lanka bekräftigt die Wichtigkeit der Teilnahme des Commonwealth und anderer ausländischer Richter, Verteidigerinnen sowie autorisierter Staatsanwälte und Ermittlerinnen an einem sri-lankischen Justizprozess/Rechtsmechanismus.

Beinahe zwei Jahre später ist nicht einer der vier versprochenen Versöhnungsmechanismen einsatzbereit. Nur die Einrichtung des Vermisstenbüros wurde vom Parlament unterstützt und vom Präsidenten zum Gesetz gemacht, doch auch sie besteht derzeit nur auf dem Papier. Hier wird der politische Druck auf die Regierung deutlich, der sie davon abhält, die Übergangsjustiz zu vollziehen. Über einige der Empfehlungen der Resolution herrscht Uneinigkeit, besonders über die Forderung, einen juristischen Haftungsmechanismus (judicial accountabiliy mechanism) mit internationaler Teilnahme einzurichten.

Dass der UN-Menschenrechtsrat sich im Oktober 2015 statt für einen internationalen dann doch für einen sri-lankischen Justizmechanismus aussprach, enttäuschte diejenigen Teile der tamilischen und der bürgerlichen Gesellschaft, bei denen die Fehlversuche sri-lankischer Untersuchungskommissionen und Komitees, für Gerechtigkeit zu sorgen, schon länger für Spott sorgen. Sie hatten auf eine internationale Untersuchung gehofft, die die sri-lankische Regierung dazu gezwungen hätte, jedwedes Ergebnis der Untersuchung umzusetzen, und die ihr andernfalls Sanktionen durch die internationale Gemeinschaft angedroht hätte. Eine internationale Untersuchung allerdings hätte dem singhalesischen Nationalismus Auftrieb geben können.

Keine Partei in Sri Lanka, die die nächste Wahl gewinnen will, darf vernachlässigen, dass die Übergangsjustiz für die singhalesische Mehrheit die Bestrafung von Kriegshelden bedeutet, die den Krieg gewonnen und das Land wiedervereint haben. Demzufolge ist es noch schwieriger, eine breite Unterstützung für eine Übergangsjustiz zu erlangen, wenn die Verfolgung von Kriegsverbrechen zu deren Herzstück gemacht wird, wie es Teile der internationalen und der tamilischen Gemeinschaft fordern. Der Wunsch nach internationalen und gemischten Gerichtshöfen, die eine Haftung sicherstellen sollen, stärkt singhalesische Nationalisten, die den Prozess der Übergangsjustiz ablehnen. Sie behaupten, dass Nachforschungen zu vermissten Personen und Entschädigungsangebote für Todesfälle und Sachschäden zur Verfolgung von Kriegsverbrechen und zur Bestrafung von Kriegshelden genutzt würden.

Das Kernelement der Friedensarbeit in Sri Lanka, die vor allem zivilgesellschaftliche Organisationen leisten, ist daher aktuell, die Bevölkerung – besonders aber den mehrheitlich singhalesischen Süden des Landes – mit Nachrichten über die Übergangsjustiz und den Versöhnungsprozess zu versorgen und in der Bevölkerung für Zustimmung zu werben.

Historie der Ungerechtigkeit

Was die Regierung angeht, so muss sie vor allem das Vertrauen der tamilischen Bevölkerung wiedererlangen, die ihr 2015 an die Macht geholfen hat und sich seither besonders von ihr im Stich gelassen fühlt. Dafür ist es erforderlich, dass die Regierung den Ursprung des politischen Konflikts thematisiert, der in den 1970er-Jahren zur Unabhängigkeitsforderung der Tamilen und schließlich 1983 zum Krieg geführt hat. Zwar droht keine unmittelbare Gefahr einer weiteren Phase ethnisch motivierter Gewalt, auf längere Sicht ist eine erneute Eskalation jedoch möglich.

Der Kampf der Tamilen für einen eigenen Staat entstand aus dem Gefühl, Diskriminierungen und Schädigungen durch den Staat politisch nichts entgegensetzen zu können. Die tamilischen Anführer sahen die Ungleichbehandlung bereits kommen, bevor Sri Lanka 1948 die Unabhängigkeit vom britischen Kolonialgesetz erlangte.

„Die heutigen politischen Bedingungen in Sri Lanka sind die beste Ausgangslage, um eine politische Lösung für den ethnischen Konflikt zu finden."

Sie wussten, dass die Tamilen, die etwa 20 Prozent der Bevölkerung ausmachten (die jüngst aus Indien eingewanderten Tamilen mit eingerechnet, die auf den sri-lankischen Teeplantagen arbeiteten), den Singhalesen zahlenmäßig unterlegen waren, die über 70 Prozent der Bevölkerung stellten. Und sie wussten, dass sie in einer Demokratie, die auf dem Prinzip „eine Person, eine Stimme" basiert und in der die Mehrheit stets singhalesisch wäre, dauerhaft zu einer Minderheit reduziert würden. Eine der zentralen politischen Forderungen der Tamilen auf dem Weg zur Unabhängigkeit war es, die politische Repräsentation der Singhalesen im Parlament auf 50 Prozent zu begrenzen und die andere Hälfte den Minderheiten zu überlassen. Das wiederum fanden die Briten inakzeptabel, die stattdessen gesetzliche Schutzmaßnahmen vor Diskriminierung in die Verfassung schrieben. Die Machtübertragung auf die singhalesische Mehrheit im Zuge der Unabhängigkeit zeigte, dass die Befürchtungen der Tamilen begründet waren. Die singhalesische Mehrheit im Parlament begann, den durch die Verfassung garantierten Schutz vor Diskriminierung zu missachten. Sie bestimmte Sinhala zur einzigen offiziellen Sprache Sri Lankas und führte Quoten für Studienplätze ein, wodurch die Aufnahme von Tamilen an Universitäten erheblich reduziert wurde.

Die Singhalesen rechtfertigten die Diskriminierungen in den Jahren nach der Unabhängigkeit auf ihre Weise: Sie waren davon überzeugt, dass sie die Hauptlast der Unterdrückung durch die Briten hatten tragen müssen und dass die von den Briten während der Kolonialzeit verfolgten Teilungs- und Herrschaftsstrategien die Tamilen bevorzugt hätten. Zur Zeit der Unabhängigkeit war der Anteil der Tamilen und der Singhalesen an höheren Regierungspositionen und akademischen Berufen praktisch gleich. Nach der <<Korrektur>> historischer Ungerechtigkeiten gegenüber den Singhalesen war das nicht mehr der Fall. Wie dargestellt bietet Sri Lankas neuere politische Geschichte ein anschauliches Beispiel für die Schwierigkeit, die

Interessen von Minderheiten in einem einheitlichen System einer zentralisierten Regierung zu schützen, in der die Beziehungen zwischen Mehrheit und Minderheiten spannungsgeladen sind. Da die Tamilen im Norden und Osten des Landes konzentriert sind, wäre eine föderale Lösung naheliegend. Tatsächlich stimmte die Tamilenführung für eine Bundesstaatenlösung. Diese würde der tamilischen Bevölkerung Entscheidungsgewalt bringen und ihr ein gewisses Maß an Selbstregierung in den Gebieten verschaffen, in denen sie die Mehrheit stellt. Die Singhalesen haben die Einführung von Bundesstaaten jedoch von Anfang an abgelehnt. Sie fürchten, dass Föderalismus der erste Schritt zur Abspaltung wäre und führen als historische Beispiele die Sowjetunion und Jugoslawien an.

Das vorrangige Ziel der Regierung in Sri Lanka muss darin bestehen, ein Regierungssystem zu finden, das sicherstellt, dass die Perspektiven und Interessen der ethnischen und religiösen Minderheiten im nationalen Entscheidungsprozess berücksichtigt werden und alle Teile der Bevölkerung ein Gefühl von ökonomischer Teilhabe und politischer Zugehörigkeit zu einem Sri Lanka haben. Die Übergangsjustiz voranzutreiben und auf die Hauptursachen des Konflikts mit einer Verfassungsreform zu antworten, sind die wichtigsten Schritte, um eine Versöhnung in Sri Lanka zu erreichen.

Übersetzung aus dem Englischen: Daniel Weber

Welches Asien-Klischee stimmt (nicht)?
Es gibt nicht das eine Asien. Wer „So ist Asien" sagt, sieht den Wald vor lauter Bäumen nicht.

Zum Autor
Jehan Perera, geb. 1958, Jurist, ist Gründungsmitglied und Direktor des National Peace Council of Sri Lanka, der für öffentliche Unterstützung einer politischen Lösung des ethnischen Konflikts in Sri Lanka wirbt. Außerdem lehrt er Konflikt- und Friedensforschung an der Universität Colombo.

Kontakt
Dr. Jehan Perera
E-Mail jehanpc@gmail.com

Ausblick: Asien im Jahr 2050

Ein Wunsch, der vereint

Von Urs Schoettli

Das asiatische Zeitalter beginnt mit großen ökologischen Herausforderungen – und einer Trendwende: Immer mehr Asiatinnen und Asiaten sind sich der negativen Auswirkungen der Umweltbelastungen auf ihr Wohlbefinden und ihre Gesundheit bewusst und fordern eine bessere Lebensqualität.

Asien ist nicht nur der bei Weitem bevölkerungsreichste Kontinent, sondern auch der kulturell, religiös und sozial mannigfaltigste Erdteil (vgl. S. 41 ff.). Selbst wenn man Westasien weglässt, ist die Vielfalt unermesslich. Allein in der Indischen Union – wie die Volksrepublik China ein Riesenreich von kontinentalen Dimensionen – ist die Diversität von Sprachen, Ethnien und Kulturen größer als in der gesamten Europäischen Union. Auch sind die Distanzen enorm und sorgen zusammen mit gewaltigen Naturhindernissen dafür, dass sich bis heute unter den Bevölkerungen kein asiatisches Gemeinsamkeitsgefühl hat etablieren können. Fragt man Menschen aus Japan, ob sie sich als Asiat(inn)en fühlten, erhält man oft eine verneinende Antwort verbunden mit dem Hinweis, dass Menschen aus Indien und China Asiat(inn)en seien. Auch war beispielsweise bis vor Kurzem Indiens Außen-, Sicherheits- und Handelspolitik westwärts ausgerichtet und vernachlässigte Ostasien.

In den vergangenen drei Jahrzehnten hat die Welt den rasanten wirtschaftlichen Aufstieg Ostasiens, vor allem Chinas, beeindruckt beobachtet. Seit ein paar Jahren

hat auch Indien sein Wirtschaftswachstum beschleunigt. Hunderte Millionen Asiat(inn)en sind aus der drückenden Armut befreit worden und Dutzende Millionen leben heute in Verhältnissen, die mit den gehobenen Mittelschichten Europas zu vergleichen sind. Nachdem das 19. Jahrhundert das Zeitalter der europäischen Kolonialreiche, vor allem das Zeitalter des British Empire, gewesen war und das 20. Jahrhundert den USA gehörte, leben wir im 21. Jahrhundert nun im asiatischen Zeitalter. Für die Menschen in Europa ist es höchste Zeit, von ihrer eurozentristischen Sicht der Weltgeschichte Abschied zu nehmen und sich den neuen Perspektiven, die Asien bietet, zu öffnen. Allerdings ist auch zu bedenken, dass Asien nicht nur der Kontinent des raschen Wirtschaftswachstums, sondern auch der offenen und verdeckten Kriegsherde ist und dass es an der ökologischen Front gigantische Herausforderungen zu meistern gilt.
Nicht nur Wohlstand, sondern auch Armut verursacht schwerwiegende Umweltbelastungen – Wasserverschmutzung und Entwaldung sind klassische Beispiele von Kaschmir bis Tibet, von der Thar-Wüste in Westindien bis zur nordchinesischen Provinz Gansu. Man kann sich kaum vorstellen, welche Wegstrecken vor allem Frauen und Mädchen tagtäglich zurücklegen, um Feuerholz zu beschaffen! Die fehlende Versorgung mit Trinkwasser hat zudem immense wirtschaftliche und gesundheitliche Schäden zur Folge.

Luftverschmutzung als Schlüsselmoment

Wir wissen längst, dass Monokulturen gefährlich sind und ungesunde Abhängigkeiten schaffen. In diesem Sinne sehen wir die unermessliche Vielfalt Asiens, seine kulturellen und religiösen Pluralismen, als einen wichtigen, vielleicht als den wichtigsten Asset (Vermögenswert) bei der Meisterung der ökologischen Herausforderungen. Die Vielfalt schafft die Möglichkeit, voneinander zu lernen, Erfahrungen auszutauschen und eingeschlagene Irrwege noch rechtzeitig zu verlassen.
Asien ist nicht nur kulturell und ethnisch ein vielfältiger Kontinent, es weist auch eine unvergleichliche politische Diversität auf. Auf diesem Erdteil findet sich wirklich jede Art von politischem System, vom Stalinismus in Nordkorea zum Tribalismus in Afghanistan, von Chinas Einparteienherrschaft bis zu Indiens parlamentarischer Demokratie. – Welches System strebt das umweltverträglichste Wirtschaftswachs-

tum an und wo sind die größten Umweltsünder auszumachen? Aus naheliegenden Gründen müssen uns zuvörderst die Entwicklungen in der Volksrepublik China interessieren, die bereits heute kaufkraftmäßig die größte Volkswirtschaft der Welt ist. Eine eigentlich offensichtliche, aber nicht von vornherein einleuchtende Erkenntnis ist, dass aufstrebende Mittelschichten in China dieselben Ambitionen haben wie ihre Pendants im Westen. Die erste Phase der Wohlstandsakkumulation ist quantitativ. Nach all den Entbehrungen unter Maos Fuchtel galt unter dem großen chinesischen Reformer Deng Xiaoping die Formel „reich zu werden ist wunderbar". Insbesondere nach der blutigen Niederschlagung des Demokratischen Frühlings im Juni 1989 hatte die Parteiführung alles daran gesetzt, mit hohem Wirtschaftswachstum die Menschen auf andere Gedanken zu bringen. Die Partei weiß, dass ihr „Mandat des Himmels", das Reich der Mitte zu regieren, von der Wohlstandsmehrung abhängt. Dies lässt sich auch an den milliardenschweren Programmen zur Konjunkturstützung erkennen, die Peking jedes Mal umsetzt, wenn eine Wachstumsschwäche droht.
Wer gerade der Armut entwichen ist, wird natürlich in der Prioritätensetzung der Einkommens- und Vermögenssteigerung gegenüber ökologischen Anliegen den Vorzug geben. Über lange Zeit, wahrscheinlich den größten Teil der vergangenen drei Jahrzehnte war dies in China der Fall. Doch nun scheint sich das Blatt zu wenden. Ein wichtiger Schlüsselmoment war die drastische Verschlechterung der Luftqualität im urbanen China und vor allem in den Metropolen Schanghai und Peking. Als offenkundig wurde, dass die Behörden versucht hatten, die Messwerte über Schadstoffe zu manipulieren, platzte Vielen der Kragen. Unter dem Druck einer empörten Öffentlichkeit mussten sie den Bürger(inne)n reinen Wein einschenken.

Chinas wachsende Bürgergesellschaft

Auch wenn bei der Luftqualität bislang noch wenig nachhaltige Verbesserung erzielt worden ist, lässt sich nicht übersehen, dass insbesondere unter den urbanen Mittelschichten ein klarer Bewusstseinswandel zu verzeichnen ist: Immer wichtiger wird die Lebensqualität, eine Entwicklung, die übrigens auch bei den Nahrungsmitteln zu verzeichnen ist (vgl. S. 75 ff.). Die Konsument(inn)en wollen sicher sein, dass ihrer Gesundheit gebührend Rechnung getragen wird. Während China bei politischen Reformen weiterhin im Stau steckt und nichts auf eine Lockerung der Alleinherrschaft der Kommunistischen Partei in absehbarer Zeit hindeutet, sollte nicht übersehen werden, dass sich derweil eine Bürgergesellschaft entwickelt. Es sind vor allem Umweltprobleme und mangelnde Qualität bei Konsum- und Investitionsgütern, welche die Menschen zu Protesten motivieren. Jedes Jahr gibt es in dem Riesenreich Zehntausende von Protesten zu unterschiedlichen Vorkommnissen und in der Regel örtlich begrenzt.

„Die unermessliche Vielfalt Asiens sehen wir als einen wichtigen, vielleicht als den wichtigsten Asset bei der Meisterung der ökologischen Herausforderungen."

Die Parteiführung weiß, dass die Behörden allein die gewaltigen Umweltprobleme nicht werden meistern können. Es bedarf dazu des aktiven Engagements der Bürger(innen), die zu einem ökologisch vernünftigen Konsum angehalten werden müssen. Im Gegenzug verlangen die Menschen natürlich, dass die Obrigkeit daran arbeitet, die Lebensqualität kontinuierlich zu verbessern. Mit Sarkasmus wird wahrgenommen, dass, wann immer ein hochrangiges internationales Event ansteht, die Behörden für saubere Luft sorgen. Ganze Industrien im Umland von Peking werden dann temporär stillgelegt. Doch Herr Wang und Frau Wu wollen nicht nur im Ausnahmezustand einen blauen Himmel über sich sehen. Über die modernen Kommunikationsmittel sind sie längst über die Gesundheitsgefahren der intensiven Luftverschmutzung informiert und wissen, dass ihre und ihrer Kinder Lebenserwartung drastisch schrumpft.

Wie wir aus der Entwicklung in den westlichen Industriestaaten wissen, kann der nötige öffentliche Druck zu technischen, politischen und rechtlichen Schritten führen, die die Luftverschmutzung und die Verunreinigung der Gewässer relativ erfolg-

reich bekämpfen. In dieser Hinsicht weisen Japan und Singapur den richtigen Weg. Ohne Zweckoptimismus betreiben zu wollen: Auch China wird bis zur Mitte des 21. Jahrhunderts große Fortschritte machen. Die Führung ist sich des Ernsts der Lage bewusst, auch der möglichen sozialen Unrast, die durch Umweltkatastrophen ausgelöst werden kann. Allerdings ist nicht zu erwarten, dass China 2050 beim Umweltschutz stehen wird, wo Japan schon heute steht.
Im Falle Indiens, dessen Bevölkerung im Verlauf des Jahrhunderts China zahlenmäßig überholen wird, dreht sich alles darum, ob die zu erwartende und auch wünschenswerte Mehrung des materiellen Wohlstands der breiten Massen ressourceneffizient sein kann. Die Ressourcen der Erde reichen nicht für ein zweites China aus, weshalb im Falle Indiens große Hoffnung darauf ruht, dass traditionelle Lebensstile beibehalten werden. Wenn es um Recycling und die optimale Verwertung von knappen Rohstoffen geht, kann Indien ein Vorbild sein. Die Hauptherausforderung liegt darin, den bislang sehr gering entwickelten Sinn für eine soziale Verantwortung, die über die Familie hinausreicht, zu stärken und das Verständnis für Hygiene zu fördern. Immerhin zeigen sich auch in Indien als Folge des Generationenwechsels unter den urbanen Mittelschichten deutliche Trends in Richtung Gesundheits- und Umweltbewusstsein.

Einigkeit beim Klimaschutz

Eine grenzüberschreitende Gefahr geht in Asien vom Raubbau an natürlichen Ressourcen aus (vgl. S. 94 ff.). In Nepal und in den nordwestlichen indischen Gliedstaaten werden durch Abholzen und Steinbrüche schwere Umweltschäden verursacht, die zusammen mit den Effekten des Klimawandels auf die Gletscher in der Zone des Himalaja zu immer katastrophaleren Überschwemmungen und zur Erosion von wertvollem Ackerland führen. Schwere Sünden werden auch in Indonesien mit methodischen Brandrodungen begangen. Den Schaden hat nicht nur Indonesien selbst. Auch das benachbarte Singapur leidet unter zuweilen gesundheitsgefährdenden Luftbelastungen.
Ob Asien, vor allem seine Städte, in der Jahrhundertmitte eine bessere Lebensqualität aufweisen werden als heute, ist eine offene Frage. Tatsache ist, dass auch dank der Netzwerke, die die neue Informationstechnologie knüpft, immer mehr

Menschen sich der negativen Auswirkungen von Umweltschäden unmittelbar auf ihr Wohlbefinden und die Gesundheit der heranwachsenden Kinder bewusst sind. Dies mag sich nicht in der Gründung von Umweltschutzparteien niederschlagen. Die Impulse für mehr ökologische Verantwortlichkeit setzen eher spontane Bürgerbewegungen und einzelne herausragende Persönlichkeiten. Waren in der Vergangenheit solche Initiativen auf internationale Unterstützung angewiesen, sehen wir heute dank Internet und wachsendem Wohlstand mehr lokale, selbständige Initiativen. Das ist nicht zuletzt auch deshalb positiv zu werten, da sich dadurch die früheren Verdächtigungen über internationale Verschwörungen entkräften und marginalisieren lassen. Ob in China oder in Malaysia, in Indien oder Myanmar: Die Unterstützung für Politiker(innen), die internationale Umweltkampagnen und globale Initiativen zum Klimaschutz als Instrumente des reichen Westens sehen, das asiatische Wirtschaftswachstum zu mindern, schwinden. Dass China und Indien, die sonst in wenigen Fragen einer Meinung sind, beim Klimaschutz am selben Strang ziehen, ist ebenfalls ein erfreuliches Zeichen für die Zukunft.

Welches Asien-Klischee stimmt (nicht)?
Die Mär von der gelben Gefahr.

Zum Autor
Urs Schoettli, geb. 1948, war u.a. Generalsekretär und später Geschäftsführender Vizepräsident der Liberalen Internationalen sowie Korrespondent der Neuen Zürcher Zeitung in Delhi, Hongkong, Tokyo und Peking. Seit 2012 arbeitet er als unabhängiger Asienberater. Er hat mehrere Bücher zu asiatischen Themen verfasst, u.a. „Die neuen Asiaten. Ein Generationenwechsel und seine Folgen" aus dem Jahr 2013.

Kontakt
Urs Schoettli
E-Mail uschottli@yahoo.co.uk

Impulse

Projekte und Konzepte

Mangrovenwald-Management in Bangladesch

Die Schönheit erhalten

Mit einer Größe von über 10.000 Quadratkilometern sind die in Indien und Bangladesch gelegenen Sundarbans die größten Mangrovenwälder der Erde. Ihr Name stammt aus dem Bengalischen und bedeutet „Schöner Wald". 1987 in Indien respektive 1997 in Bangladesch wurden sie zum UNESCO-Weltnaturerbe erklärt. Neben ihrer großen Bedeutung für die lokale Bevölkerung als Wirtschafts- und Lebensraum erfüllen die Sundarbans essenzielle ökologische Funktionen als Pufferzone zwischen Land und Meer. Die artenreichen Mangrovenwälder sind jedoch durch direkte und indirekte anthropogene Einflüsse sowie die negativen Auswirkungen des Klimawandels bedroht.

Mit der Unterstützung der Deutschen Gesellschaft für Internationale Zusammenarbeit sowie in Kooperation mit der Wildlife Conservation Society, der US-amerikanischen Entwicklungsagentur USAID und der Weltbank will das Dezernat für Waldwirtschaft im bangladeschischen Ministerium für Umwelt und Wälder die institutionellen und organisatorischen Rahmenbedingungen des Waldmanagements verbessern, um die Biodiversität der einzigartigen Mangrovenwälder zu erhalten und dem Klimawandel mit angepassten Maßnahmen zu begegnen. Das Projekt zielt darauf, neben der örtlichen Verwaltung auch die lokalen Gemeinden sowie zivilgesellschaftliche Organisationen in die Planung und Umsetzung einzubinden.

Das auf vier Jahre angesetzte Projekt startete 2015. Bisher wurden 28 Forstangestellte geschult, die wiederum 72 Waldschutzbeauftragte ausbildeten. Diese erheben zu Lande und zu Wasser wesentliche Umweltdaten für die weitere Analyse. Dazu zählen Wildtiersichtungen von Schlüsselarten für die Biodiversität sowie natürliche oder anthropogene Umweltschäden. (sj)

Link: www.giz.de/de/weltweit/37949.html

Gendergerechte Selbstverwaltung in Indien

Frauen entdecken ihre Potenziale

In den ländlichen Gebieten von Haryana und Rajasthan in Indien sind die Lebensbedingungen schlecht: Eine dürftig ausgebaute Infrastruktur erschwert den Zugang zu lokalen Märkten, die zunehmende Abholzung und der Bergbau sowie Trockenheit und wiederkehrende Dürren führen zur Wüstenbildung. Es gibt keine Industrie und der Anteil der Arbeitslosen ist hoch, insbesondere bei den Jugendlichen. Je nach Distrikt herrscht eine extrem geringe Alphabetisierungsrate unter Frauen (62 bis 20 Prozent) vor. Zum Einkommenswerb bleiben nur die mühselige Landwirtschaft oder die ausbeuterische Arbeit in Steinbrüchen.

Für politische Entscheidungsträger(innen) ist die Region von geringer Relevanz - will die Bevölkerung die Missstände abschaffen, muss sie selbst aktiv werden. Aber häufig verhindern die traditionellen, extrem patriarchalischen Sozialstrukturen, dass Frauen ihre verfassungsmäßigen Rechte zur aktiven Beteiligung an lokalen politischen Entscheidungsmechanismen zur Verbesserung ihrer Situation wahrnehmen können.

Eine renommierte lokale NGO (1) hat sich dieser tiefverwurzelten Problematik mit dem Ziel angenommen, einen positiven Bewusstseinswandel zu schaffen und Zugangschancen für Frauen sowie andere benachteiligte Gruppen zu Gremien der lokalen (Selbst-)Verwaltung zu eröffnen. Die NGO sensibilisiert Frauen für ihre Potenziale und Kapazitäten, initiiert und stärkt Frauengruppen sowie dorfübergreifende Frauennetzwerke und aktiviert Dorfkomitees für Bildung, soziale Gerechtigkeit, Infrastruktur oder Landwirtschaftsförderung. Dadurch leistet sie einen Beitrag für mehr Gendergerechtigkeit, für ein erhöhtes Verantwortungsbewusstsein und das Etablieren der Kontrolle staatlichen Handelns. Frauen in Haryana und Rajasthan finden zu einem neuen Selbstbewusstsein, das sie stärkt und ermutigt, gemeinsam mit den Männern lokale Politik und Entwicklungsprozesse zu gestalten und auch bislang tabuisierte Themen wie genderbasierte Gewalt, sexuelle Belästigung und geschlechtliche Diskriminierung anzugehen.

(Elisabeth Bially)

(1) Zum Schutz der NGO nennen wir ihren Namen nicht.

Kontakt: Anna Dirksmeier
Bischöfliches Hilfswerk Misereor
E-Mail Anna.Dirksmeier@Misereor.de

Bauernnetzwerk Masipag

Eine kleinbauernfreundliche Landwirtschaft

Für bäuerliche Innovationskraft und Solidarität steht das Bauernnetzwerk Masipag auf den Philippinen. Masipag-Mitglieder haben schon Anfang der 1990er-Jahre damit begonnen, ihr traditionelles Saatgut systematisch zu erhalten und weiterzuentwickeln. Ihr Reiszüchtungsprogramm bringt ertragreiche Sorten hervor, die im ökologischen Anbau ebenso gut abschneiden wie die Hochleistungssorten der Saatgutindustrie, allerdings zu einem Bruchteil der Investitionskosten. Die Masipag-Züchter(innen) entwickeln auch Sorten, die speziell bei Salzwassereintrag, Überschwemmungen oder Dürren noch Erträge liefern. Die Patentrezepte: Vielfalt der Pflanzen und genetische Bandbreite der Sorten, hauseigene Dünger und systemischer Pflanzenschutz, Engagement der Mitglieder in der Organisation, Ausbildung, Züchtung, Qualitätssicherung und Vermarktung, alles mit klarer Ausrichtung am Gemeinwohl. Saatgut wird als Allgemeingut betrachtet, niemals verkauft und nur in kleinen Mengen weitergegeben. Aus dem demokratisch organisierten Netzwerk heraus engagieren sich Masipag-Gruppen für eine kleinbauernfreundliche Landwirtschaftspolitik, gegen Gentechnik und Land Grabbing.

(Anja Mertineit)

Link: www.masipag.org

Aktionsplan zur Luftreinhaltung

Saubere Luft in Peking

Für sein großes Problem mit der Luftverschmutzung ist China weltweit bekannt. Nachdem im Januar 2013 erneut an mehreren Tagen in Folge die gesetzlichen Schadstoffgrenzwerte mit 700 Mikrogramm (µg) Feinstaubpartikeln pro Kubikmeter (m3) um ein Vielfaches überschritten wurden, rief die chinesische Regierung den nationalen Aktionsplan zur Kontrolle und Prävention von Luftverschmutzung ins Leben. Zur Umsetzung der darin verankerten Ziele zur Verbesserung der Luftqualität formulierte die Pekinger Stadtregierung ihrerseits im Jahr 2013 den Pekinger Aktionsplan zur Luftreinhaltung 2013–2017 (Beijing 2013-2017 Clean Air Action Plan). Maßgebliche Zielvorgabe ist die Reduzierung der jährlichen Durchschnittskonzentration von Feinstaubpartikeln in der Luft auf 60 µg/m3 im Jahr 2017, das ist weniger als ein Viertel im Vergleich zum Niveau von 2012. Der Beijing Clean Air Action Plan besteht aus einem umfangreichen Maßnahmenkatalog und umfasst acht Teilprojekte. Eckpfeiler sind Umstrukturierungen im Energie-, Industrie- und Verkehrssektor.

Bis 2017 will die Regierung den Kohleverbrauch von 23 Millionen Tonnen im Jahr 2012 auf weniger als zehn Millionen Tonnen reduzieren. Ziel ist es, den zukünftigen Energiebedarf stattdessen im Wesentlichen durch elektrische Energie und Naturgas sowie den Einsatz erneuerbarer Energien zu decken und die Energieeffizienz zu steigern. Unternehmen mit einem zu hohen Emissionsausstoß müssen nachrüsten oder den Betrieb einstellen.

Auch im Verkehrswesen stehen der Einsatz und die Förderung treibstoffarmer beziehungsweise auf neuen Technologien basierender Transportmittel im Vordergrund. Darüber hinaus soll das generelle Verkehrsaufkommen bis Ende 2017 auf sechs Millionen Fahrzeuge begrenzt und demgegenüber der öffentliche Personennahverkehr ausgebaut werden. (sj)

Link: www.ebeijing.gov.cn/feature_2/CleanAir Action

Bioanbau in Kambodscha

Die Revolution auf dem Reisfeld

Ein Großteil der Kleinbauern und -bäuerinnen in Kambodscha ist arm. Bei vielen reicht die Ernte kaum aus, um die Familie zu ernähren. Grund sind die sehr kleinen Feldgrößen von durchschnittlich nicht mehr als einem Hektar, die geringe Produktivität, niedrige Lebensmittelpreise und vor allem infolge des globalen Klimawandels zunehmend auftretende Dürren.

Das Zentrum für landwirtschaftliche Forschung und Entwicklung Kambodscha (Centre d'Étude et de Développement Agricole Cambodgien, CEDAC) - Hilfs- und Partnerorganisation des Hilfswerks Brot für die Welt - unterstützte im Rahmen eines dreijährigen Projekts (2014-2016) 40.000 Kleinbauernfamilien in zehn Distrikten Kambodschas darin, mithilfe der Einführung nachhaltiger Anbaumethoden ihre Lebensbedingungen aus eigener Kraft heraus langfristig zu verbessern. Zunächst wurden die Bäuerinnen und Bauern über die Arbeit von CEDAC informiert. Anschließend konnten sich interessierte Teilnehmer(innen) in den Methoden des ökologischen Landbaus schulen lassen. Ein bis zwei Jahre später hilft CEDAC bei der Gründung einer lokalen Bauernvereinigung, deren Mitglieder gemeinsam sparen und in landwirtschaftliche Aktivitäten wie etwa den Kauf einer gemeinsamen Reismühle investieren. Zudem bildet CEDAC gezielt Promoter(innen) aus, die nach der offiziellen Projektlaufzeit ihr Wissen und ihre Erfahrungen an andere Familien weitergeben.

Ein weiterer Programmpunkt ist die Etablierung sogenannter Mehrzweckfarmen, um die Produktpalette zu erhöhen. Über fairen Handel wird zudem ein Teil der Ernte nach Europa und in die USA exportiert.

Der nachhaltige Anbau umfasst wasser- und saatgutsparende Maßnahmen sowie den Einsatz natürlichen Komposts anstelle von Kunstdünger. Des Weiteren lernen die Bäuerinnen und Bauern, ihr eigenes Saatgut zu züchten, um die Abhängigkeit von Saatguthändlern zu reduzieren. Traditionelles Saatgut ist außerdem besser an die lokalen Standortbedingungen angepasst. (sj)

Link: www.brot-fuer-die-welt.de (Projekte / Projektliste / Kambodscha)

Bildungsarbeit in Sri Lanka

Der Weg in ein selbstbestimmtes Leben

Arbeiten statt Schule - für viele Kinder in Sri Lanka ist das trauriger Alltag. Insbesondere die indischstämmigen Tamilen, die ärmste Bevölkerungsgruppe Sri Lankas, haben es schwer, sich aus dieser schwierigen Situation zu befreien.

Da bereits die Kinder in einem sehr jungen Alter zum Familieneinkommen beitragen müssen, anstatt die Schule zu besuchen, haben sie kaum Chancen auf ein selbstbestimmtes Leben. Der 1996 gegründete Verein Kindernothilfe Österreich hat sich im Rahmen seines Patenschaftsprojekts zum Ziel gesetzt, den Kindern in der Hochlandregion Sri Lankas einen besseren Zugang zu schulischer sowie beruflicher Aus- und Weiterbildung zu ermöglichen. In Zusammenarbeit mit der lokalen Stiftung Eksath Lanka Welfare Foundation bezieht das Projekt insgesamt sieben Divisionen der Teeplantage

Nuwara Eliya ein und erreicht so unmittelbar 350 Kinder und deren Familien.
Kindern ohne Schulabschluss soll die Rückführung an staatliche Schulen durch Zusatzunterricht erleichtert werden. Ein weiteres Ziel ist es, arbeitende Jungen und Mädchen an berufliche Ausbildungsstätten zu vermitteln. In vier Gemeinschaftszentren haben die Familien die Gelegenheit, sich zu treffen, sich auszutauschen, gemeinsam zu spielen und zu lernen. Die Projektmitarbeiter(innen) klären Kinder und Eltern über die Problematik der Kinderarbeit auf. In sogenannten Kinderclubs werden die jungen Menschen außerdem über ihre Rechte informiert, sie lernen Konfliktbewältigungsstrategien und eignen sich durch die gemeinsame Gestaltung und Ausrichtung von Veranstaltungen und Festen soziale Kompetenzen an. (sj)

Link: www.kindernothilfe.at (Informieren / Projekte / Projektgebiete / Asien / Sri Lanka / Bildung statt Teepflücken)

Feministischer Verlag in Indien
Eine Stimme für die Frauen

Viele indische Frauen sind in ihrem Alltag mit Unterdrückung und Gewalt konfrontiert. Zwar entwickelt sich in Indien bereits seit den 1970er-Jahren eine kontinuierlich erstarkende Frauenbewegung. Berichtet wird darüber aber kaum, die wenigen Bücher, die zu diesem Thema veröffentlicht wurden, stammen vorwiegend von westlichen Autorinnen.
Urvashi Butalia, selbst Autorin und Mitgründerin des 1984 entstandenen ersten feministischen Verlags Indiens, Kali for Women (frei übersetzt: Macht für Frauen), hat sich zum Ziel gesetzt, Indiens Frauen Gehör zu verschaffen. 2003 baute sie ihren eigenen Verlag mit dem Namen Zubaan auf, was wörtlich übersetzt Zunge, im übertragenen Sinn aber auch Stimme oder Sprache bedeutet.
Neben Literatur von Frauen veröffentlicht der Verlag wissenschaftliche Bücher zu Frauenthemen wie die Geschichte der indischen Frauenbewegung oder das Aufklärungsbuch „Know your body" (Kenne deinen Körper) sowie Kinder- und Jugendbücher. Darüber hinaus setzt sich das Unternehmen aktiv für Frauenrechte und die Förderung von Frauen ein. So fließt ein Teil der Einnahmen in die Finanzierung von Workshops für potenzielle Autorinnen sowie Kurse zum kreativen Schreiben für junge Frauen und Mädchen.
Der Verlag veröffentlicht inzwischen etwa 30 Bücher pro Jahr und beschäftigt heute acht Mitarbeiter(innen), sechs davon sind Frauen. (sj)

Link: http://zubaanbooks.com

Wasserressourcen-Management in der Mongolei
Ein Vorreiter namens MoMo

Die ohnehin begrenzten Wasserressourcen der Mongolei werden durch den anthropogenen Einfluss zusehends knapper. Indus-

trialisierungsprozesse, die Ausweitung des Bergbaus (vgl. S. 81 ff.) sowie veraltete oder unzureichende Infrastrukturen führen zur Verschmutzung der Flüsse und des Grundwassers.
Im Rahmen des interdisziplinären und transsektoralen Verbundprojekts Integriertes Wasserressourcen-Management in Zentralasien: Modellregion Mongolei (MoMo) werden Strategien für eine nachhaltige Wasserbewirtschaftung erarbeitet. Das Projekt läuft von 2006 bis 2018. Neben dem Helmholtz-Zentrum für Umweltforschung als Projektkoordinator beteiligen sich weitere deutsche sowie mongolische Forschungseinrichtungen, Universitäten und Wirtschaftsunternehmen an dem Vorhaben. Mongolische Praxispartner sind unter anderem die städtischen Wasserversorgungsbetriebe Darkhan und die Flussgebietsbehörde des Kharaa. Fördermittel in Höhe von 2,9 Millionen Euro erhält das Projekt vom Bundesministerium für Bildung und Forschung.
Das Flusseinzugsgebiet des im Nordosten verlaufenden Kharaa soll als Modell dienen, die dort erforschten und erprobten Methoden sollen auf andere Regionen angewendet werden. Ein Schwerpunkt ist die Verbesserung des Umweltmonitorings. Bisher sammelte und analysierte das Projektteam Umweltdaten, die nun den mongolischen Praxispartnern und Entscheidungsträger(inne)n in einem webbasierten Geoinformationssystem zur Verfügung gestellt werden sollen. Ein weiteres Aufgabengebiet sind innovative Wassertechnologien. In den vergangenen Jahren entwickelten die Projektpartner pilothafte Lösungen, um Wasserverluste in städtischen Verteilungssystemen zu minimieren und Abwasser zentral sowie dezentral aufzubereiten. Der dritte Kernbereich des Projekts ist die Ausgestaltung und Realisierung von Bewirtschaftungsplänen für alle größeren Flusseinzugsgebiete in der Mongolei. Hierzu berät das Projektteam die zuständigen nationalen und regionalen Ministerien und Behörden. (sj)

Link: www.iwrm-momo.de

Frauen in städtischen Armenvierteln Kambodschas

Engagement für bessere Verhältnisse

Einige Städte in Kambodscha entwickeln sich gerade zu boomenden Zentren und ziehen zunehmend das Interesse von Investoren auf sich. Infrastrukturprojekte, Hotels, Gewerbegebiete und Wohnraum für die kaufkräftige Mittelschicht entstehen. Auch das Land, das die städtischen Armen besiedeln, ist heiß begehrt. Für die Menschen dort bedeutet das, in ständiger Angst vor Vertreibung und Zwangsumsiedlung zu leben – eine weitere Bedrohung neben der schlechten Nahrungsmittelversorgung und mangelndem Zugang zu Bildung und Gesundheit.
Gleichgültigkeit der kommunalen Verwaltung und der Strafverfolgungsbehörden tragen zu einer Politik bei, die die Bedürfnisse der armen städtischen Gemeinschaf-

ten, insbesondere der Frauen und Kinder, ignoriert. Diesen Mechanismen lässt sich nur durch bessere Selbstorganisation der betroffenen Menschen, Aufklärungskampagnen und das Geltendmachen von Rechten entgegenwirken. Frauen nehmen in diesem Kontext eine Schlüsselrolle ein.

Eine in Phnom Penh ansässige NGO (1) bildet Frauen in Gemeinwesenorganisation, Verhandlungstechniken und Planungsverfahren aus. Die geschulten Frauen wirken als Multiplikatorinnen, sie vermitteln ihre Kenntnisse in die Gemeinschaften, organisieren Frauengruppen zu Themen wie Landrechte, Gesundheit, Gendergerechtigkeit und vieles mehr. Beachtliche Erfolge machen Mut und motivieren andere: So hat das engagierte Wirken der Frauen beispielsweise zu einer verbesserten Infrastruktur und Gesundheitssituation und nicht zuletzt zur Verhinderung von Vertreibungen geführt.

(Elisabeth Bially)

(1) Zum Schutz der NGO nennen wir ihren Namen nicht.

Kontakt: Beatrice Lauer
Bischöfliches Hilfswerk Misereor
E-Mail Beatrice.Lauer@Misereor.de

Produktion und Konsum

Nachhaltigkeitsstrategien für Thailand, Indonesien und die Philippinen

Stetiges Bevölkerungswachstum, expansive Verstädterung, Anwachsen der Mittelschicht – diese drei Trends sind maßgeblich dafür verantwortlich, dass Asien künftig auch beim weltweiten Konsum eine Führungsposition zukommen wird. Im Rahmen eines dreijährigen Projekts setzt sich der World Wide Fund For Nature (WWF) deshalb seit 2017 für die Förderung nachhaltigen Konsums und nachhaltiger Produktion im Agrar- beziehungsweise Nahrungsmittelbereich in Thailand, Indonesien und den Philippinen ein. Das Projekt ist auch Teil der Internationalen Klimaschutzinitiative (IKI) des Bundesministeriums für Umwelt, Naturschutz, Bau und Reaktorsicherheit, die seit 2008 gezielt Klima- und Biodiversitätsprojekte in Entwicklungs-, Schwellen- und Transformationsländern finanziert. Entsprechend soll das WWF-Projekt die drei südostasiatischen Länder darin unterstützen, ihre Versprechungen zum Pariser Klimaschutzabkommen umzusetzen.

Jeder Staat hat einen eigenen Projektschwerpunkt gewählt: Die Palmölproduktion steht in Indonesien im Vordergrund, die (Futter-)Maisproduktion in Thailand, der Tourismus auf den Philippinen. Neben den entsprechenden Ministerien im Bereich Umwelt und Landwirtschaft, zu denen der WWF engen Kontakt hält, beziehen die Mitarbeiter(innen) auch Unternehmen und Konsument(inn)en in die Planung und Umsetzung der Projekte ein. Ziel ist die Förderung von Beispielen nachhaltiger Produktion entlang der gesamten Wertschöpfungskette, sprich vom Produzenten bis zum Einzelhandel. Zur Entwicklung nachhaltiger Unternehmensstrategien setzt der WWF

vor allem auf die Bildung von Plattformen und Runder Tische zum Austausch und Abstecken des gemeinsamen Engagements.
Bei den Konsument(inn)en geht es zunächst darum, deren Wissenstand, Einstellungen und Informationsbedarf zum Thema Nachhaltigkeit abzufragen. Darauf aufbauend wollen die Projektmitarbeiter(innen) Informationspakete und Bildungsmodule entwickeln. Des Weiteren führen sie in Zusammenarbeit mit Multiplikatoren Kampagnen durch, insbesondere über soziale Medien. Auf den Philippinen ist beispielsweise eine große Roadshow mit berühmten Köch(inn)en und Bloggern geplant. (sj)

Link: www.wwf.de (Themen und Projekte / Landwirtschaft / Ernährung und Konsum)

Staatenlose in Thailand
(K)Ein Teil der Gesellschaft

Mehr als zwei Millionen Menschen in Thailand, knapp drei Prozent der Bevölkerung, gelten als staatenlos, insbesondere viele Familien in Nordthailand. Bei den meisten von ihnen handelt es sich um die Nachkommen von Bürger(inne)n aus den angrenzenden Ländern Myanmar und Laos, die vor politischen Unruhen in ihrer Heimat geflohen sind (vgl. S. 49 ff. und 100 ff.). Ihr Status als Staatenlose erschwert den Betroffenen den Zugang zu wesentlichen Grundvoraussetzungen für die persönliche Entfaltung und die Teilhabe am sozialen Leben. So haben sie oft keinen oder kaum Zugang zur Gesundheitsvorsorge oder Bildung. Nicht nur die direkten Nachkommen der früheren Flüchtlinge, sondern auch deren Kinder werden nicht als thailändische Staatsbürger(innen) anerkannt, selbst wenn sie im Land geboren sind. Ihre Zahl beläuft sich auf etwa 600.000. Das Stateless Children Protection Project (Schutzprojekt für staatenlose Kinder, SCPP) ist eine 2008 gegründete Partnerorganisation des deutschen Kinderhilfswerks Terres des Hommes. SCPP umfasst sieben lokale Hilfsorganisationen in Nordthailand, die sich gemeinsam für die Rechte und den Schutz staatenloser Kinder und deren Familien einsetzen.
In einer Datenbank haben die Mitarbeiter(innen) Informationen und Personendaten von bisher über 20.000 Staatenlosen gesammelt. Sie informieren die Kinder und deren Angehörige über ihre Rechte und ermutigen sie, diese gemeinsam mit anderen Betroffenen einzufordern. Des Weiteren leistet SCPP Lobbyarbeit bei Politiker(inne)n sowie bei Behörden und versucht die thailändische Gesellschaft durch Kampagnen über die Problematik aufzuklären und das Bewusstsein für die Staatenlosen zu erhöhen. Ein erster Erfolg ist die Durchsetzung einer Gesetzesänderung, wonach nun alle staatenlosen Kinder, die vor 1992 in Thailand geboren wurden, die Staatsbürgerschaft beantragen können. (sj)

Link: www.tdh.de (Was wir tun / Projekte / Südostasien / Thailand)

Medien

Schmidt-Glintzer, H.: China – Eine Herausforderung für den Westen. Plädoyer für differentielle kulturelle Kompetenz

Im Zuge der dynamischen Entwicklungen und des rasanten Wirtschaftswachstums wird Asien, mit China an der Spitze, Europa und die USA in ökonomischer Hinsicht bald ein- beziehungsweise überholt haben. Während sich China bislang am „westlichen Ideal" orientierte und ihm nacheiferte, verfolgt das Land mittlerweile zunehmend seine eigenen Wege und Ziele. Diese Tatsache stellt westliche Industrieländer und insbesondere Europa vor unerwartete Herausforderungen.

Dass diese Entwicklungen aber nicht nur neue Rivalitäten zwischen den globalen Großmächten, sondern auch Chancen hinsichtlich der internationalen Zusammenarbeit hervorbringen, macht der Chinaexperte und Kulturhistoriker Helwig Schmidt-Glintzer in seinem „Plädoyer für differentielle kulturelle Kompetenz" deutlich. Die entstehenden Potenziale zu erkennen und zu nutzen, kann dem Autor zufolge nur im Rahmen eines kritischen Dialogs gelingen. Dafür bedarf es sowohl der Anerkennung der jeweiligen historischen Traditionen und Erfahrungen sowie deren Verarbeitung als auch der Berücksichtigung der unterschiedlichen kulturellen Deutungsmuster. Als wesentliche Grundvoraussetzung für den interkulturellen Dialog nennt Schmidt-Glintzer das Verständnis der eigenen Kultur sowie die Toleranz gegenüber anderen Kulturen.

Hierfür liefert das Werk eine gute Basis. In fünf aufeinander aufbauenden Kapiteln bekommen die Leser(innen) einen umfangreichen Einblick in die historischen und gegenwärtigen Hintergründe der chinesischen sowie der europäischen Wirtschaft und Politik. Der Autor erläutert, wie sich die jeweilige Wahrnehmung der beiden Mächte gegenseitig beeinflusste beziehungsweise immer noch beeinflusst und wie sie sich im Laufe der Zeit verändert hat. Schmidt-Glintzer scheut sich dabei nicht, den Westen und insbesondere Europa immer wieder scharf zu kritisieren. Er verweist auf die verfehlte Afrikapolitik und die anmaßende Haltung Europas hinsichtlich der eigenen Rohstoffsicherung, während es heute die ausbeuterische Wirtschaftspolitik anderer sich entwickelnder Staaten wie China rügt. Das Plädoyer ist eine Aufforderung sowohl an China, in erster Linie

vor allem aber an Europa, das bisherige Selbstverständnis zu überprüfen und an die neuen Entwicklungen anzupassen. Darüber hinaus votiert der Autor dafür, in einem gleichberechtigten Miteinander einen konstruktiven Dialog zu gestalten, damit alle Seiten von den Chancen der Globalisierung profitieren.
Angesichts der Fülle und Kompaktheit der dargebotenen Informationen sind politische und wirtschaftliche Vorkenntnisse für ein besseres Verständnis von Vorteil. Wer jedoch nicht vor schwerer Lesekost zurückschreckt und einen umfassenden Einblick in die wirtschaftspolitischen und kulturellen Verbindungen zwischen China und dem Westen bekommen möchte, für den/die ist das Buch auf jeden Fall zu empfehlen. (sj)

Schmidt-Glintzer, Helwig:
China – Eine Herausforderung für den Westen. Plädoyer für differentielle kulturelle Kompetenz. Harrassowitz, Wiesbaden 2011, 135 S., 19,80 €,
ISBN 978-3-447-06583-2

Stiftung Asienhaus/ Philippinenbüro e.V. (Hrsg.): Asien im Windschatten des Wachstums. Ungleichheiten, Extraktivismus, Bewegungen

Asiens Wirtschaft boomt. Davon zeugen Steigerungen des Handelsvolumens sowie des Bruttoinlandsprodukts, die zunehmende internationale Wettbewerbsfähigkeit und die Expansion der Märkte infolge einer stetig wachsenden Mittelschicht.
Innerhalb der vergangenen beiden Jahrzehnte hat sich die Region zu einer der dynamischsten Wirtschaftszonen weltweit entwickelt. Insbesondere multilaterale Entwicklungsbanken und ausländische Großunternehmen verfolgen die derzeitigen Entwicklungen in Asien mit großem Interesse und lassen sich von Investitions- und Handelserleichterungen anlocken. Doch die Erfahrungen der westlichen Industrienationen zeigen, dass kapitalistisches Wachstum mit hohem Ressourcen- und Flächenverbrauch einhergeht und nicht nur enorme ökologische Schäden anrichtet, sondern auch soziale Ungleichheiten verschärft. Die Tatsache, dass nur ein kleiner Teil der Bevölkerung vom asiatischen Wirtschaftswachstum profitiert, führt zu erheblichem Konfliktpotenzial in der Zivilgesellschaft. Sie leistet daher nach Kräften Widerstand gegen die autoritäre Politik und das Gebaren internationaler Wirtschaftskonzerne.
In ihrer Broschüre liefern die Stiftung Asienhaus und das Philippinenbüro einen drastischen sowie eindrucksvollen Einblick in verschiedene zivilgesellschaftliche Bewegungen und Initiativen in Asien, die sich gegen staatliche Repressionsmaßnahmen wehren und sich für mehr Gerechtigkeit in ihren Ländern einsetzen.
Ein einführender Bericht zu den wesentlichen wirtschaftspolitischen Dynamiken

der vergangenen 20 Jahre schafft einen ersten Überblick. Nachfolgend werden die Probleme und Herausforderungen, die mit den ökonomischen, politischen sowie sozialen Entwicklungen einhergehen, an einigen Länderbeispielen verdeutlicht. Dabei werden auch globale Wirkungsgeflechte aufgezeigt: Welchen Einfluss haben westliche Industriestaaten auf die Arbeitsverhältnisse thailändischer Arbeiter(innen) in der Fischereiindustrie? Ist das Abwerben philippinischer Pflegekräfte für den deutschen Gesundheitssektor ethisch fragwürdig? Welche Strategien verfolgen indigene Gruppen gegen extraktive Projekte? Und was hat der Kampf gegen Palmölplantagen in Indonesien mit der europäischen Klimapolitik zu tun? Diesen Fragen gehen die Autor(inn)en verschiedener Fachrichtungen und Hintergründe in ihren Essays nach.

Die Broschüre schließt mit zwei länderübergreifenden Beiträgen zu den Wirtschaftsbeziehungen zwischen der EU und dem Verband südostasiatischer Nationen (ASEAN) sowie sozialen Bewegungen gegen extraktive Industrieprojekte multilateraler Entwicklungsbanken.

Ziel der Herausgeber ist es, die Schattenseiten des asiatischen Wirtschaftsbooms zu beleuchten und dabei vor allem kritische regionale Stimmen zu den Geschehnissen zu Gehör zu bringen. Die Broschüre – Wachrüttler und Mutmacher gleichermaßen – eignet sich sowohl für Wissenschaftler(innen) und Studierende als auch für interessierte Laien. (sj)

Stiftung Asienhaus/Philippinenbüro e.V. (Hrsg.): Asien im Windschatten des Wachstums. Ungleichheiten, Extraktivismus, Bewegungen. Asienhaus, Köln 2017, 68 S., Download unter www.asienhaus.de

Errico, S.: The Rights of Indigenous Peoples in Asia. Human Rights-based Overview of National Legal and Policy Frameworks Against the Backdrop of Country Strategies for Development and Poverty Reduction

Schätzungen zufolge sind zwei Drittel der indigenen Bevölkerung weltweit in Asien beheimatet. Das entspricht etwa 260 Millionen Menschen. Obwohl das dynamische Wirtschaftswachstum in der Region bereits in Teilen dazu beitragen konnte, die Armutsrate der Indigenen zu senken, existieren immer noch erhebliche Unterschiede zur Mehrheitsbevölkerung. Die Marginalisierung indigener Bevölkerungsgruppen umfasst neben der ökonomischen und politischen auch die soziale und kulturelle Dimension. Indikatoren wie die Sterberate der Unter-Fünfjährigen, der Zugang zu sauberem Trinkwasser, Mangelernährung, die Alphabetisierungsrate oder die Anzahl von Kindern, die zumindest eine Grundschulausbildung erhalten, zeigen, dass die indigene Bevölkerung nach wie vor weit unter dem Bevölkerungsdurchschnitt liegt. Etwa ein Drittel der Indigenen in Asien lebt in dauerhafter Armut. Die nackten Zahlen und Statistiken können jedoch andere wesentliche Aspekte, die mit der Armut einhergehen – etwa die Machtlosigkeit, das fehlende Mitbestimmungsrecht und der Verlust der kulturellen Identität –, nicht widerspiegeln.

Die Situation der indigenen Völker ist auch in Bezug auf die internationalen Entwicklungsziele im Rahmen der Nachhaltigkeitsagenda 2030 und das Pariser Klimaabkommen von 2015 nicht zu vernachlässigen. So beziehen sich beide Ziel- beziehungsweise Maßnahmenkataloge auf die Berücksichtigung und Wahrung der Menschenrechte. Zudem kommt vor allem der indigenen Bevölkerung eine wesentliche Bedeutung bei der Umsetzung der Entwicklungs- und Klimaziele zu. Zum einen verfügt sie über wertvolles Wissen über nachhaltige Bewirtschaftungsmethoden. Zum anderen sind es gerade diese Bevölkerungsgruppen, die zuerst die Auswirkungen des Klimawandels spüren, da sie im besonderen Maße auf die natürlichen Ressourcen angewiesen sind und häufig in äußerst gefährdeten Gebieten leben, wie etwa Insel- und Küstenlagen, in Regenwäldern oder Hochlandregionen.

Die erfolgreiche Umsetzung der Agenda 2030 für eine nachhaltige Entwicklung sowie des Pariser Klimaabkommens wird also nur möglich sein, wenn sich die Situation der indigenen Völker langfristig verbessert und deren Rechte internationale Anerkennung finden. Das ist die Ausgangsthese, auf der Stefania Erricos Studie zu den Rechten der indigenen Völker in Asien basiert. Die Autorin spezialisierte sich auf indigene Völker, arbeitet als unabhängige Beraterin und war im Vorfeld bei der Internationalen Arbeitsorganisation (International Labour Organization, ILO) tätig. In der Studie stützt sich Errico auf Arbeiten der ILO sowie des Asia Indigenous Peoples Pact (Bündnis der indigenen Völker Asiens). Ihr Ziel ist es, einen regionalen Überblick zu den gegenwärtigen nationalen Gesetzeslagen und politischen Rahmenbedingungen in Bezug auf die indigene Bevölkerung in Asien zu geben, um daraus Perspektiven und Handlungsempfehlungen für die Zukunft zu entwickeln. Die Studie bezieht sich auf die Länder Bangladesch, Kambodscha, Indien, Indonesien, Malaysia, Nepal, die Philippinen, Thailand und Vietnam. Vier Themenschwerpunkte stehen bei der Analyse der Situation der indigenen Bevölkerungsgruppen im Fokus: die unterschiedlichen nationalen Konzepte zu deren Identifizierung und Anerkennung, Möglichkeiten der Beteiligung und Mitbestimmung, die Rechtslage hinsichtlich der Nutzung von Land und natürlichen Ressourcen sowie der Zugang zu wesentlichen Bereichen des gesellschaftlichen Lebens wie etwa Einkommensmöglichkeiten, Gesundheitsversorgung, Kultur und Bildung.

Sachlich und fundiert zeigt die Studie Schwachstellen und Herausforderungen bezüglich der Anerkennung indigener Rechte auf, verweist aber auch auf bisherige Bemühungen und politische Strategien in den einzelnen Ländern, um die sozialen Ungleichheiten zu verringern. Aus ihrer Untersuchung leitet Errico acht allgemeine Handlungsempfehlungen zur Gestaltung und Umsetzung integrativer und nachhaltiger Entwicklungsstrategien in Asien ab. Die Studie ist in englischer, gut verständlicher Sprache verfasst. Infokästen mit interessanten Hinweisen sowie ein Anhang mit den wesentlichen internationalen Regelwerken liefern zusätzlich nützliche Hintergrundinformationen. (sj)

Errico, Stefania: The Rights of Indigenous Peoples in Asia. Human Rights-based Overview of National Legal and Policy Frameworks Against the Backdrop of Country Strategies for Development and Poverty Reduction. International Labour Organization, Genf 2017, 87 S., Download unter www.ilo.org

Kurz notiert

Asienreferat Heinrich Böll Stiftung e.V. (Hrsg.):
Perspectives. Politische Analysen und Kommentare: Asien. Ein Kontinent in Bewegung – Migration in Asien
Heinrich Böll Stiftung e.V., Berlin 2015, 66 S., Download unter www.boell.de/asien

Gu, Xuewu:
Die Große Mauer in den Köpfen. China, der Westen und die Suche nach Verständigung
Edition Körber, Hamburg 2014, 17,00 €, ISBN 978-3-8968-41551

Human Rights Watch (Hrsg.):
Pakistan Coercion, UN Complicity. The Mass Forced Return of Afghan Refugees
Human Rights Watch, USA 2017, 86 S., Download unter www.hrw.org

Müller-Koné, Marie/Schmitz-Pranghe, Clara/Schetter, Conrad:
Flucht und Binnenvertreibung in Asien: Ansatzpunkte für und Grenzen der Entwicklungszusammenarbeit
Internationales Konversionszentrum Bonn, Bonn 2017, 38 S., Download unter www.bicc.de

Kurz belichtet

Oguma, Eiji:
Tell the Prime Minister: Anti-Atom-Bewegung in Japan
Japan 2015, 109 Min.

Pauser, Erik/Williams, Dylan:
The Borneo Case
Schweden 2017, 78 Min.

360°-GEO Reportage:
Asien – Kontinent der Gegensätze
Deutschland 2011, 693 Min.

Rowlatt, Justin:
Our World: Killing the Ganges
Großbritannien 2016, 30 Min.

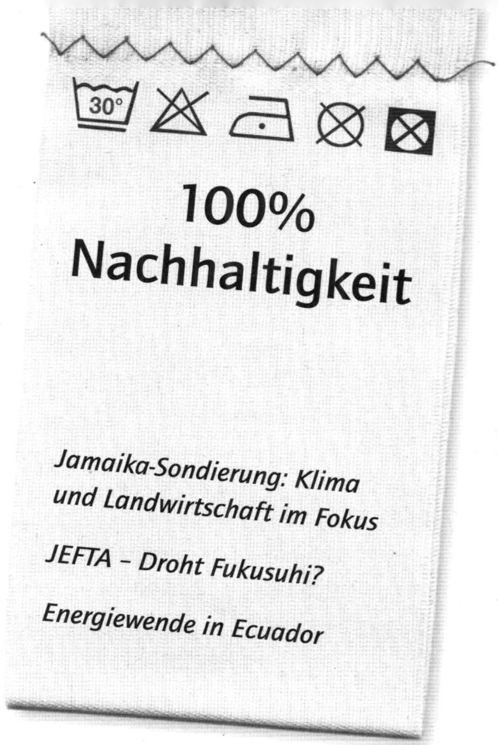

SPEKTRUM NACHHALTIGKEIT

Die gesellschaftliche Diskussion um die Zukunft ist vielschichtig. Im Spektrum Nachhaltigkeit veröffentlicht die politische ökologie deshalb – unabhängig vom jeweiligen Schwerpunktthema – Fachbeiträge, die sich mit verschiedenen Aspekten der Nachhaltigkeit auseinandersetzen. – Viel Vergnügen beim Blick über den Tellerrand!

Klimaschutz und Landwirtschaft nach der Bundestagswahl

Was bringt die Jamaika-Koalition?

Von Antje von Broock und Silvia Bender

Das Ergebnis der Bundestagswahl 2017 und die noch am Wahlabend erfolgte Erklärung der SPD, für eine Regierungskoalition nicht zur Verfügung zu stehen, lässt nur eine mögliche Konstellation zu: Union, FDP und Grüne müssen sich zu einem Jamaika-Bündnis zusammenraufen. Nur so lassen sich Neuwahlen verhindern.

Im Wahlkampf haben ökologische Themen wie der Schutz von Klima und Artenvielfalt kaum eine Rolle gespielt, obwohl sich die Parteien gerade hier sowohl bezüglich des Problembewusstseins als auch hinsichtlich der vorgeschlagenen Lösungswege deutlich unterscheiden. Auch ein Schreiben von Umwelt- und Naturschutzverbänden an die Moderator(inn)en des Kanzlerduells Anfang September, auf diese Themen einzugehen, verhallte ohne Resonanz. Nun gehören zumindest Klimaschutz und der Umbau der Nutztierhaltung gemäß des Zehn-Punkte-Plans für Grünes Regieren vom Bündnis90/Die Grünen zu den zentralen Themen der Sondierungsgespräche, die am 18. Oktober begonnen haben. Bisher lassen sich aus umweltpolitischer Sicht nur wenige inhaltliche Erfolge vermelden. Insbesondere die FDP und die CSU beschreiben immer wieder rote Linien und versuchen so, vor allem die Grünen unter Druck zu setzen. Ob sich die vier Parteien einigen können, ist zum jetzigen Zeitpunkt nicht absehbar. (1) Doch gesetzt den Fall, es gelänge: Welche Chancen und Risiken stecken in dem schwarz-gelb-grünen Regierungsbündnis?

Nachhaltigkeit – der Begriff hat in vielen Medien keine Konjunktur. Diese Zurückhaltung hat ihren Preis: Man bleibt häufig an der Problemoberfläche. Nachhaltigkeit ist beim größten deutschen Umweltverband, der zwei große Studien über ein zukunftsfähiges Deutschland initiiert hat, und der *politischen ökologie* seit vielen Jahren gut aufgehoben. Deshalb suchen sie die Zusammenarbeit: In jeder Ausgabe gibt es an dieser Stelle einen Beitrag von einem BUND-Autor oder einer BUND-Autorin.

Bund für Umwelt und Naturschutz Deutschland
BUND
FRIENDS OF THE EARTH GERMANY

Klimaschutz und erneuerbare Energien

Das sofortige Stilllegen der ältesten und dreckigsten Kohlemeiler ist eine der Hauptforderungen der deutschen Umweltorganisationen an die neue Regierung. Nur so lassen sich die kurz- und mittelfristigen Klimaziele der Bundesregierung einhalten. Auch die Mehrheit der Bevölkerung unterstützt das Erreichen des auf der Kippe stehenden Klimaziels für das Jahr 2020 und befürwortet den Kohleausstieg, wie eine Meinungsumfrage im Auftrag des BUND im Sommer 2017 ergeben hat.

Wenige Tage vor der Wahl hatte auch Bundeskanzlerin Angela Merkel noch versprochen, Deutschland werde Wege finden, das Klimaziel 2020 zu erfüllen, was bedeutet, die nationalen Emissionen um 40 Prozent bis 2020 zu reduzieren. Realistisch gesehen führt am Kohleausstieg kein Weg vorbei, denn mit keiner anderen Maßnahme wäre die nötige CO_2-Reduktion noch zu erreichen. Daher ist es nicht unwahrscheinlich, dass sich auch die Union im Rahmen der Koalitionsverhandlungen endlich zu einem Ausstieg aus der klimaschädlichen Kohle durchringen wird. Dass sich die CSU-Verhandler(innen) zieren, sich klar zum Pariser Klimaziel als maßgebliche Vorgabe für die deutsche Klima- und Energiepolitik zu bekennen, lässt sich nur als unmoralisches Geschacher zugunsten der Einwanderungsobergrenze erklären.

Und auch aus der FDP, deren Parteivorsitzender Christian Lindner noch am Wahlabend in Richtung der Grünen-Spitzenkandidatin Katrin Göring-Eckart sein Bekenntnis zum Klimaabkommen von Paris beteuert hatte, kommt Gegenwind für den Klimaschutz. Dass Lindner sich jetzt mit dem CSU-Landesgruppenvorsitzenden Alexander Dobrindt gemein macht und die Grünen insbesondere beim Klimaschutz zur Mäßigung ermahnt und dass FDP-Fraktionsvize Katja Suding ebenso wie ihr Parteikollege Alexander Graf Lambsdorff gar eine Abkehr vom deutschen Klimaziel für 2020 fordert, lässt sich nur als Verhandlungstrick deuten. Soll hier vielleicht die Abschaffung des Soli durch Zugeständnisse bei der Energiewende erkauft werden? Denn es ist wohl allen klar: Die Grünen können einem Koalitionsvertrag, der sich des Kohleausstiegs nicht beherzt annimmt, nicht zustimmen. Aber auch für die Union, unter deren Regierungszeit die Klimaziele beschlossen wurden, sind solche Scheindebatten unwürdig.

Denkbar ist, dass es beim Thema Ökostrom-Ausbau zu sehr harten Auseinandersetzungen insbesondere zwischen Grünen und FDP kommen wird. Während die Grünen den beschleunigten Ausbau der Erneuerbaren fordern, will die FDP, dass die Förderung über das Erneuerbare-Energien-Gesetz abgeschafft wird. Für den BUND ist klar: Der Kohleausstieg muss vom beschleunigten Ausbau der Erneuerbaren flankiert werden. Der Ausbau-Deckel für die Erneuerbaren muss aufgehoben, der Ausbau wieder dynamisiert werden. Union und Grüne stehen sich hier näher und müssen die FDP dazu bewegen, die Förderung für Erneuerbare anzuerkennen, mit denen schon jetzt mehr als 350.000 Arbeitsplätze gesichert werden.

Weniger CO_2 bei der Mobilität

Fraglich ist, wie die FDP ihre Forderung nach einer Ausweitung des europäischen Emissionshandels (ETS) glaubhaft unterlegen will. Eine Lenkungswirkung, wie sie sich die FDP wünscht, hat der ETS derzeit nicht – CO_2-Tonnen-Preise von fünf bis sieben Euro führen nicht zu relevanten Investitionsentscheidungen. Der ETS könnte nur mit einem sehr viel höheren CO_2-Mindestpreis funktionieren. Da auch die Grünen einen CO_2-Mindestpreis ins Spiel gebracht haben, wäre hier ein Zusammenspiel von FDP und Grünen theoretisch denkbar.

Vollkommen offen ist die Frage, wie die Verkehrsemissionen in einer schwarz-gelb-grünen Koalition reduziert werden können. Während die Grünen ein Verbot des Verbrennungsmotors ab 2030 fordern, dringt die FDP auf „Technologieoffenheit". Klar ist sicher allen Parteien, dass die Verkehrswende nur mit einem groß angelegten Ausbau der E-Mobilität einhergehen kann. Aber wie soll der Trend hin zu immer größeren und damit verbrauchsintensiveren Autos umgekehrt werden ohne regulative Vorgaben? Nach Ansicht des BUND können nur regulierende und kontrollierende staatliche Maßnahmen sicherstellen, dass gesundheitlich notwendige Abgasgrenzwerte nicht nur auf dem Papier, sondern auch auf der Straße eingehalten werden. Eine Alternative zur Forderung der Grünen, ab dem Jahr 2030 keine Autos mit Verbrennungsmotor mehr zuzulassen, wäre nur, die EU-weit geltenden CO_2-Grenzwerte erheblich zu verschärfen, realistische Messverfahren einzuführen und die steuerliche Diesel-Begünstigung abzuschaffen. Da FDP und Grüne gleichermaßen angekündigt haben, einen Subventionsabbau anzugehen, besteht vielleicht eine Chance, dass man sich auf die Beendigung der Subventionen für fossile Energien wie Dieselkraftstoffe einigt. Das hängt wiederum davon ab, ob sich Union und FDP genügend Distanz zur Autoindustrie verschaffen, um ihre jetzige Klientelpolitik einem Realitätscheck zu unterziehen.

Licht und Schatten in der Landwirtschaft

Die nächste Bundesregierung muss den Umbau der Tierhaltung in Deutschland einleiten. Denn der heutigen Intensivtierhaltung mit ihren tier- und umweltschädlichen Konsequenzen fehlt nicht nur die gesellschaftliche Akzeptanz, sie ist auch wissenschaftlichen Untersuchungen zufolge nicht zukunftsfähig. Mit dem Entwurf einer Nutztierhaltungsstrategie hat der bisherige Bundeslandwirtschaftsminister Christian Schmidt von der CSU bereits erste Vorschläge auf den Tisch gelegt. Diese sind jedoch viel zu schwach, um die notwendigen Veränderungen hin zu einer tier- und umweltgerechten Landwirtschaft zeitnah zu erreichen. Aus Sicht des BUND ist es notwendig, dass die Erarbeitung einer Strategie zum Umbau der Tierhaltung bis zur Mitte der Legislaturperiode abgeschlossen und mit einem verbindlichen Finanzierungsplan, einem ambitionierten Zeitplan und gesetzlichen Rahmenregelungen unterlegt wird.

Die mögliche Jamaika-Koalition eint das Ziel, Planungssicherheit für die Landwirtschaft zu schaffen. Unstrittig dürfte auch sein, dass die Betriebe den Umbau der Tierhaltung nicht alleine stemmen können, sondern mit geeigneten Anreizsystemen und Förderinstrumenten unterstützt werden müssen. Offen ist hingegen, inwieweit unter einer schwarz-gelb-grünen Konstellation das Ordnungsrecht verschärft würde. Um die enormen Missstände der heutigen Landwirtschaft beim Umwelt- und Tierschutz lösen zu können, sind hier Änderungen dringend geboten.

Hinsichtlich einer verbindlichen staatlichen Haltungskennzeichnung für alle tierischen Produkte gehen die Positionen der Verhandlungspartner(innen) jedoch deutlich auseinander. Während die Grünen eine solche in Anlehnung an die bewährte Pflichtkennzeichnung für Eier fordern, setzt die Union auf ein freiwilliges Label. Die FDP hingegen lehnt ein Label sogar ganz ab. Eine eindeutige Fleischkennzeichnung ist aber Voraussetzung dafür, dass sich die Verbraucher(innen) für mehr Tierwohl entscheiden können, und ein Label wird von diesen auch gewünscht. 82 Prozent der deutschen Bevölkerung sprechen sich für eine verbindliche staatliche Haltungskennzeichnung aus, wie eine Forsa-Umfrage im Auftrag des BUND vor der Bundestagswahl zeigte. Mit Blick auf die anstehende Reform der EU-Agrarpolitik wird eine Jamaika-Koalition nach heutiger Einschätzung nicht zur treibenden Kraft für einen wirklichen Wandel werden. Natur- und Tierschützer(innen) fordern die Stärkung bäuerlicher Betriebe und eine konsequente Bindung der EU-Gelder an öffentliche Leistungen wie Tierwohl, Klima-, Boden- und Gewässerschutz. Ersten Leaks aus der EU-Kommission zufolge wird es jedoch nur wenig Bewegung in diese Richtung geben, allerdings sollen die Gestaltungsspielräume auf nationaler Ebene deutlich erweitert werden. Die Koalitionäre müssen hier einen zielführenden Weg von Fordern und Fördern entwickeln. Ob dies gegen den bisherigen Widerstand der Union und angesichts der unterschiedlichen Interessen der Bundesländer gelingen wird, bleibt abzuwarten.

Ein weiteres Konfliktfeld zwischen Union, FDP und Grünen wird der Umgang mit Agrogentechnik und Pestiziden sein. CDU und FDP verfolgen hier eine Klientelpolitik zugunsten von Agroindustrie und industrieller Landwirtschaft. Das aus Verbraucher(innen)- und Umweltsicht unverzichtbare Vorsorgeprinzip soll durch die Einführung eines nicht näher definierten sogenannten Innovationsprinzips aufgeweicht werden. Noch wenige Wochen vor der Bundestagswahl hatte sich die Bundeskanzlerin für Glyphosat ausgesprochen – offenbar ein wahltaktisches Zugeständnis an die Agrarindustrie, jedoch nicht im Sinne der Bevölkerungsmehrheit, die Umfragen zufolge ein Glyphosatverbot befürwortet. Klare Regulierungen für die alte und neue Gentechnik, ein wirksames Pestizidreduktionsprogramm sowie ein Verbot besonders problematischer Pestizide wie Glyphosat und Neonikotinoide sind unverzichtbare Bausteine, um die Artenvielfalt in der Agrarlandschaft zu schützen und Böden, Gewässer sowie Lebensmittel von schädlichen Rückständen freizuhalten. Hier wird jeder Fortschritt in Richtung Umwelt- und Verbraucherschutz hart erkämpft werden müssen.

Anmerkung

(1) Für den Artikel wurde der Stand der Sondierungsverhandlungen bis zum 7. November 2017 betrachtet.

Zu den Autorinnen

a) Antje von Broock, geb. 1976, Politologin, ist stellv. Geschäftsführerin des Bereichs Politik & Kommunikation beim BUND.

b) Silvia Bender, geb. 1970, Diplom-Agraringenieurin, leitet die Abteilung Biodiversität beim BUND.

Kontakt

Antje von Broock, Silvia Bender
Bund für Umwelt und Naturschutz
in Deutschland e.V.
E-Mail antje.vonbroock@bund.net,
silvia.bender@bund.net

Das Handels- und Investitionsabkommen zwischen Europa und Japan

JEFTA – Droht Fukusushi?

Von Alessa Hartmann

Seit März 2013 führen Japan und die EU Verhandlungen über das gemeinsame Handels- und Investitionsabkommen JEFTA (Japan-EU Free Trade Agreement) – weitgehend unbemerkt von der Öffentlichkeit. Dabei lohnt es sich, auch bei diesen Verhandlungen genau hinzuschauen. Immerhin ist Japan die viertgrößte Wirtschaftsmacht der Welt und der zweitgrößte Handelspartner der EU in Asien. Gemeinsam decken Europa und Japan mehr als ein Drittel der gesamten Weltwirtschaft ab, der geplante Deal ist also von ähnlich großer Bedeutung für die EU wie die Freihandelsabkommen TTIP (Transatlantic Trade and Investment Partnership) mit den USA oder CETA (Comprehensive Economic and Trade Agreement) mit Kanada.

Bisher fanden 19 Verhandlungsrunden statt und die Vertragsparteien wollen das Abkommen bis Ende 2017 finalisiert haben. Danach könnte noch 2018 der Ratifizierungsprozess beginnen. Da das Abkommen ein Kapitel zum Investitionsschutz enthält, wird es nicht nur von EU-Rat und EU-Parlament, sondern auch von den Mitgliedsstaaten ratifiziert werden müssen.

Europäische Abgeordnete warnen unter dem Stichwort Fukusushi schon vor radioaktiven Lebensmitteln, die durch JEFTA nach Europa kommen könnten. Denn bei der Verkündung der Einigung zu dem Handelsvertrag hatten EU-Kommissionspräsident Jean-Claude Juncker und Japans Premierminister Shinzo Abe auf dem G20-Gipfel im Juli 2017 auch angekündigt, gewisse Lebensmittelkontrollen abzuschwächen. (1) Doch was droht noch durch das Abkommen? Dank NGOs, die im März und Juni 2017 nicht autorisierte Textteile veröffentlicht haben (Leaking), konnte sich die Zivilgesellschaft das Abkommen in den vergangenen Monaten genau ansehen. (2)

Konzernklagerechte und Datenschutz

JEFTA beinhaltet alle auch in TTIP und CETA verhandelten Themengebiete, beispielsweise Investitionsschutz, öffentliche Dienstleistungen, regulatorische Kooperation, öffentliche Beschaffung, Lebensmittel und Landwirtschaft. Darüber hinaus wird auch ein Kapitel zu Datenhandel und -sicherheit angestrebt. Dieses und das Kapitel zum Investitionsschutz sind die Knackpunkte des Abkommens und auch der Grund, weswegen JEFTA entgegen anderslautender Ankündigungen nicht bis Ende 2017 abgeschlossen sein wird.

Japan möchte ein weitreichendes Kapitel zum Datenhandel, Europa hält sich dagegen eher zurück – noch gibt es keine einheitliche EU-Position, dafür ist das Thema Datensicherheit in der europäischen Bevölkerung zu stark umstritten. Der andere Zankapfel, der Investitionsschutz, ist ebenfalls sehr bedeutend. Denn durch die in JEFTA festgeschriebenen Konzernklagerechte würden die Klagerechte für Konzerne stark ausgeweitet. Bisher konnten japanische Unternehmen europäische Staaten nur aufgrund der Energiecharta verklagen. (3) Das wird sich mit JEFTA ändern – eine erschreckende Perspektive, zumal die japanische Wirtschaft dreimal größer ist als die kanadische. Durch Konzernklagerechte (Investor-State-Dispute-Settlement, ISDS) in Handels- und Investitionsabkommen bekommen Unternehmen damit das Recht, Staaten auf Entschädigungszahlungen zu verklagen, wenn sie ihre Profite durch Gesetze zum Schutz der Umwelt oder Menschenrechte gefährdet sehen. Sie klagen dann vor intransparenten Schiedsgerichten, denen drei Jurist(inn)en als sogenannte Schiedsrichter(innen) vorsitzen. Eine Klage anstreben können nur die ausländischen Unternehmen. Wenn ein Staat verliert, müssen die Steuerzahler(innen) für die Entschädigungszahlungen aufkommen. In der Vergangenheit ist es immer wieder vorgekommen, dass Regierungen Gesetzesentwürfe zum Schutz der Umwelt oder der Verbraucher(innen) aus Angst vor Klagen zurückgezogen oder verwässert haben. Mittlerweile gibt es 817 bekannte Fälle, allein 2016 kamen 69 hinzu, Tendenz steigend. (4)

Bei den Verhandlungen um CETA hat die EU-Kommission nach der starken öffentlichen Kritik an ISDS ein reformiertes Investitionsgerichtssystem (Investment Court System, ICS) vorgeschlagen. Dieses enthält aber bis auf einige Verbesserungen in puncto Transparenz dieselben weitgehenden Rechte für Unternehmen. Nicht nur Umweltorganisationen und Gewerkschaften haben sich deshalb dagegen ausgesprochen, sondern auch Organisationen wie der Deutsche Richterbund.

Falls sich die EU und Japan nicht auf ein gemeinsames Kapitel einigen können – Japan will ISDS, die EU favorisiert ICS –, wäre es möglich, dass die EU das Handtuch wirft und völlig auf das Kapitel verzichtet. Das würde zumindest dazu passen, dass die EU-Kommission derzeit erwägt, Handels- und Investitionsschutzabkommen in Zukunft getrennt voneinander zu verhandeln und ratifizieren zu lassen. (5) Es bleibt spannend, worauf sich die Vertragspartner im Endeffekt einigen werden.

Regulatorische Zusammenarbeit

In TTIP und CETA hochumstritten, enthält auch JEFTA ein Kapitel zur sogenannten regulatorischen Kooperation. Regulatorische Kooperation, also die Zusammenarbeit bei der Gesetzgebung, bedeutet, Standards und Normen der beiden Vertragsparteien einander anzupassen oder gegenseitig anzuerkennen, um Handelshemmnisse möglichst klein zu halten. Problematisch ist das auf mehreren Ebenen: Zum einen beinhaltet JEFTA Vereinbarungen über weitreichende Konsultationen der Vertragspartner über neue Gesetze und damit die Möglichkeit der Vertragspartner, Gesetze zu blockieren oder zu verzögern. Zum anderen bietet das Kapitel ein Einfallstor für die Konzernlobby. Schon vor der Verabschiedung von Gesetzen können Lobbyist(inn)en die Entwürfe einsehen und ihre Anmerkungen machen. Dies ist brandgefährlich, denn ein Ziel großer Unternehmen ist ja, vor allem Kosten zu minimieren, und das geht bisweilen zulasten der Sicherheit der Verbraucher(innen); oftmals sind die Kosten für eine umwelt- und verbraucherfreundliche Regulierung höher, als wenn darauf eben kein Wert gelegt wird. Nicht ohne Grund haben Politiker(innen), Gewerkschaften und Zivilgesellschaft die regulatorische Zusammenarbeit in TTIP abgelehnt.

Vorsorgeprinzip und Nachhaltigkeitskapitel

Eine weitere Gefahr droht durch die Verwässerung des Vorsorgeprinzips. Dieses gilt in der EU und besagt, dass Produkte, bei denen ein Risiko für Verbraucher(innen) nicht ausgeschlossen wurde, nicht auf den Markt gelangen dürfen. Dieses fundamentale Prinzip der EU ist im bisherigen JEFTA-Vertragstext nur geringfügig verankert. Hier wird nicht das Vorsorgeprinzip zur Basis der Verhandlungen erklärt, sondern das SPS-Abkommen (Agreement on the Application of Sanitary and Phytosanitary Measures) der Welthandelsorganisation (WHO) über die Anwendung von gesundheitspolizeilichen und pflanzenschutzrechtlichen Maßnahmen. Dieses definiert, wie Standards gesetzt werden dürfen, um nicht als Handelsbarriere eingestuft zu werden. Das Vorsorgeprinzip, auf dem der Verbraucherschutz in der EU basiert, wird durch das WHO-Recht aber nicht anerkannt.

Ein Verweis findet sich immerhin in dem traditionell nicht sehr einflussreichen Nachhaltigkeitskapitel von JEFTA. Hier wird auf den „Vorsorge-Ansatz" verwiesen. Allerdings ist auch dies ein Rückschritt, da der Begriff „Ansatz" generell als juristisch schwächer angesehen wird als der Begriff „Prinzip". Die EU-Kommission hatte im Vorfeld behauptet, ein „ambitioniertes Kapitel" zur Nachhaltigkeit verhandeln zu wollen. Doch leider sind die Bestimmungen in Bezug auf nachhaltige Entwicklung in JEFTA noch kümmerlicher als die in CETA. Sowohl CETA als auch JEFTA fehlt es an konkreten, bindenden Verpflichtungen im Hinblick auf Umwelt, nachhaltige Entwicklung und Arbeitsrechte. Das Nachhaltigkeitskapitel deckt unter anderem auch den Handel mit Holz ab. Japan ist weltweit der größte Importeur von Holz und Sperrholz, der zweitgrößte Importeur von Holzstämmen und drittgrößter Importeur von Sägeholz (vgl. S. 68 ff.). JEFTAs Regelungen hinsichtlich Holz sind noch schwächer beziehungsweise weniger präzise als die in CETA formulierten, hinter deren Standards die EU eigentlich nicht zurückfallen wollte. Beispielsweise verpflichtet CETA die Parteien zu kooperieren, wohingegen JEFTA nur die „Möglichkeit" einer Kooperation einräumt. Sollte CETA wirklich das Beste sein, was die Kommission verhandeln kann, läge JEFTA einen guten Schritt dahinter zurück.

Das Klimaabkommen von Paris wird in dem Nachhaltigkeitskapitel zwar erwähnt, allerdings finden sich darüber hinaus keine Mechanismen zur Umsetzung. Noch schlimmer: CETA erlaubte den Parteien noch, Teile des Abkommens zu missachten, um ihren Verpflichtungen von internationalen Umweltabkommen nachzukommen. JEFTA bietet hier viel weniger Flexibilität. Es scheint sogar so, als würden die Vereinbarungen darüber, wie die einzelnen Parteien sich an internationale Abkommen zu halten haben, bewusst vage genug formuliert, um Möglichkeiten zu bieten, diese zu umgehen. So steht in dem Nachhaltigkeitskapitel explizit, dass nichts innerhalb des Abkommens eine der Parteien davon abhalten soll, die Maßnahmen von multilateralen Umweltschutzabkommen umzusetzen – vorausgesetzt, sie diskriminieren dabei nicht die andere Vertragspartei oder schränken den Handel ein.

Zivilgesellschaft ist alarmiert

Das alles zeigt, dass JEFTA kein Abkommen im Sinne der Verbraucher(innen) und der Umwelt ist. Die EU-Kommission hat aus den Verhandlungen über TTIP und CETA offenbar nichts gelernt: Ein nachhaltiges und gerechtes Handelsabkommen, das eine Antwort auf die sozialen und ökologischen Herausforderungen des 21. Jahrhunderts geben kann, sieht anders aus!

Die Zivilgesellschaft in Japan und Europa ist alarmiert. Schon vor den geleakten Verhandlungskapiteln haben sich Vertreter(innen) von NGOs vernetzt. Neben gemeinsamen Statements zum G20-Gipfel gibt es auch physische Treffen, um weitere Schritte zivilgesellschaftlichen Widerstands zu planen. Einen Erfolg konnten die Gegner(innen) bereits feiern: Das Abkommen ist nun auch in den Fokus der Öffentlichkeit gerückt. Spannend wird es, wenn die Ratifizierung des Abkommens in den EU-Wahlkampf fällt. Die Kandidat(inn)en müssten hier Farbe bekennen. Und auch der Deutsche Bundestag und der Bundesrat müssten JEFTA ratifizieren, zumindest wenn der Investitionsschutz Teil des Abkommens bleibt. Sollte Deutschland eine Jamaika-Regierung bekommen, müssten die Abgeordneten der Grünen, die sich in der Vergangenheit gegen solche Abkommen ausgesprochen haben, Flagge zeigen und JEFTA ablehnen.

Anmerkungen

(1) vgl. White, Samuel (2017): MEPs Fear Exposure to Radioactive 'Fukusushi' if EU Relaxes Japan Import Controls. www.euractiv.com vom 7.9.2017

(2) Die geleakten Dokumente finden sich unter https://trade-leaks.org

(3) Die Energiecharta ist eine politische Erklärung der Prinzipien der internationalen Energiebeziehungen, darunter Handel, Transit und Investitionen. Die Klage des Energiekonzerns Vattenfall gegen die Bundesrepublik Deutschland aufgrund des Atomausstiegs beruft sich beispielsweise auf den Energiecharta-Vertrag.

(4) vgl. Stierle, Steffen (2017): Handelsabkommen bald reine EU-Angelegenheit? www.euractiv.de vom 11.9.2017

(5) http://investmentpolicyhub.unctad.org/ISDS

Zur Autorin

Alessa Hartmann, geb. 1980, ist Historikerin und seit 2014 Referentin für internationale Handelspolitik bei PowerShift. Zudem koordiniert sie die AG Handel des Forums Umwelt und Entwicklung, in der deutsche NGOs zu Handelspolitik arbeiten.

Kontakt

Alessa Hartmann
PowerShift e.V.
E-Mail alessa.hartmann@power-shift.de

Eine ganzheitliche Energiewende für Ecuador

Sonne und Wind statt Öl aus dem Regenwald

Von Stefan Golla

Der Yasuní-Regenwald im Nordosten von Ecuador ist Teil eines Refugiums für Hunderttausende Formen des Lebens. Da der Yasuní die höchste Biodiversität unseres Planeten aufweist, hat ihn die UNESCO zum Biosphärenreservat erklärt. Nach der Formung der Anden haben in diesem Gebiet die meisten Pflanzen, Insekten und Wirbeltiere die Klimaschwankungen – Trockenheit, Erosion und Eiszeit – der vergangenen 15 Millionen Jahre überdauert und konnten sich von hier aus ausbreiten und weiterentwickeln. Doch nun bedroht das Anthropozän, das Zeitalter des Menschen, den Yasuní durch eine zügellose Industrialisierung, die mit steigendem Rohstoffhunger und unvernünftigen Wachstumsvorstellungen einhergeht. Denn tausend Meter unter dem Regenwaldboden schlummern erdgeschichtlich geformte Erdölfelder. An und für sich ist die Erdölqualität umso schlechter, je tiefer im Amazonas sich die Fundstelle befindet. Die Erschließung von Öl im Yasuní ist enorm aufwendig, sodass sich die Förderung der nach dem Flussgebiet benannten Ölsorte Napo ökonomisch gar nicht lohnt. Doch seit Ende 2016 wird auch hier nach Öl gebohrt.

Das starke Bevölkerungswachstum auf heute 16,5 Millionen Einwohner(innen) in Ecuador sowie die Technisierung und Motorisierung des Lebensstandards haben das Land, das hauptsächlich vom Anbau und Export landwirtschaftlicher Produkte lebt, zunehmend unter Druck gesetzt. Aufgrund des steigenden Importüberschusses ist die Volkswirtschaft dazu gezwungen, mehr Devisen zu beschaffen, und betreibt deshalb in zunehmendem Maße den sogenannten Extraktivismus, die Ausbeutung der natürlichen Bodenschätze.

Bohrungen im Paradies

Die neue Verfassung von Ecuador verbietet seit 2008 eigentlich eindeutig die Förderung von Rohstoffen in Naturschutzgebieten, weil diese die neu implementierten und einklagbaren Rechte der Natur verletzt. Die ecuadorianische Regierung unter Rafael Correa stellte der Weltgemeinschaft 2007 die Idee vor, die bekannten Ölreserven im Yasuni-ITT-Gebiet – benannt nach den drei Flussgebieten Ishpingo, Tambococha und Tiputini – gegen einen internationalen solidarischen Ausgleichsbetrag in Höhe von rund vier Milliarden US-Dollar für immer im Boden zu belassen und stattdessen mit dem Geld erneuerbare Energien auszubauen.

Doch der CO_2-Kompensationsdeal floppte (hauptsächlich wegen des Widerstands des damaligen deutschen Entwicklungsministers Dirk Niebel von der FDP), während der Rohölpreis nach dem sogenannten

Peak Oil, dem Zeitpunkt der maximalen Förderung konventionellen Erdöls, im Jahr 2013 über 100 US-Dollar pro Barrel schoss. Anstatt diese Gelegenheit dazu zu nutzen, einen sauberen Ausstieg aus dem Erdöl abzufedern, ließ sich Ecuadors Regierung auf horrend teure chinesische Kredite ein, um die bis dato unrentablen Ölreserven im Napo-Flussgebiet zu erschließen und dem Bussiness as usual zu folgen - auf Kosten des Staatshaushalts, des Regenwaldes und seinen indigenen Bewohner(inne)n. Von den Krediten wurden Investitionen in den Straßenbau und in die Elektrizitätserzeugung aus großen Wasserkraftwerken bezahlt, auch die Telekomunikationsinfrastruktur wurde grundlegend modernisiert. Diese Maßnahmen unter der Regierung der Alianza País, die von Präsident Rafael Correa angeführt wurde, war für die Bevölkerung ein großer Fortschritt. Sie intensivierten allerdings auch den Extraktivismus. Im Gegenzug erhielten chinesische Staatsunternehmen Lizenzen für die Erdölförderung im Napo-Gebiet sowie mehrere hundert Bergbaulizenzen, teilweise in Kooperation mit in- und ausländischen Bergbaukonzernen.

Die Krise steht vor der Haustür

Dass Mitsubishi-Bishimetals, BHP Billiton, Rio Tinto, Enami, EXSA und ein Dutzend anderer Unternehmen die Schürfrechte für Gold, Kupfer, Silber und andere Metalle nutzen, setzt heute besonders den Kommunen und Naturschutzgebieten in der Andenregion zu, etwa im Intag-Nebelregenwald, der sich an der westlichen Flanke der Andengebirgskette befindet. Der Raubbau an der Natur geht mit der Zerstörung ganzer Ökosysteme einher. Der Rohstoffabbau verseucht dauerhaft Böden, Flüsse und Trinkwasser, indem Cyanid, Quecksilber, Kupfersulfate und andere Schwermetalle freigesetzt werden. Durch die Erdölförderung werden riesige Urwaldgebiete von Tausenden Bohrlöchern, Rohrleitungen und Schlammgruben wie ein Espressofilter durchsiebt. Zudem gelangen Unmengen von radiotoxischen Nukleotiden (1) mit dem Förderwasser in die Umwelt. All das führt zu Krankheiten und erhöht das Krebsrisiko bei der ortsansässigen, vorwiegend indigenen Bevölkerung. Da ihr der Lebensraum entzogen wird, kommt es zu territorialen Konflikten zwischen benachbarten Völkern und der Regierung, die zunehmend mit militärischer Gewalt vorgeht, Hand in Hand mit den Bergbauunternehmen.

Die Wirtschaft Ecuadors steht unter Druck. Nachdem die Ölpreise Ende 2015 ins Bodenlose fielen, wird jedes Barrel Öl sehr stark vom Staat subventioniert, und die Erdölqualität wird zunehmend schlechter. Diese Faktoren bringen das Land mehr und mehr finanziell in Bedrängnis. Wie Analysen zeigen, wird sich die Hoffnung auf wieder steigende Ölpreise über die Grenzkosten von 60 US-Dollar nicht mehr erfüllen. (2) Ecuador könnte bis 2020 in eine ähnliche Krise wie Venezuela stürzen, das seine Wirtschaft stark vom Erdölexport abhängig gemacht hat. Der rasante globale Ausbau der Erneuerbaren macht fossile Energieträger zunehmend überflüssig - wir sprechen hier von zehn bis 20 Jahren. Das bringt Unternehmen fossiler Energieförderung und Marktpreise enorm in Bedrängnis und führt natürlich alle Projektionen Ecuadors, was seine Staatsgewinne durch den Verkauf von Öl und Bohrlizenzen angeht, ad absurdum.

Immer stärker drängt sich die Frage auf, welche Alternativen bleiben, um sich vom Extraktivismus, der die wirtschaftlichen und gesellschaftlichen Konflikte antreibt, zu lösen. Es mag verwundern, dass sowohl die ecuadorianische Regierung als auch die inländischen NGOs keine ganzheitliche Antwort kennen. Dabei liegt es auf der Hand, gerade am Äquator Sonnen- und Windenergie zu nutzen, für deren Gewinnung hier besonders gute Bedingungen herrschen.

Während die Energieerzeugung aus Biomasse, Geothermie, Gezeitenkraftwerken und Wasserkraft nur ein sehr geringes Potenzial aufweist, ließen sich auf etwa 0,2 Prozent der Landesfläche etwa 13 Gigawatt Windenergie installieren. Überwältigend scheint die Möglichkeit, auf nur 0,1 Prozent der Landesfläche 80 Gigawatt solare Energie für Wärme und Elektrizität zu erzeugen. (3) Doch wie lassen sich fossile Energieträger, die als Treibstoffe dienen, ersetzen? Den Schlüssel zur Lösung bietet die Power to Gas-Technologie (PtG). Bei PtG wird durch überschüssige Elektrizität mit Wasser unter Elektrolyse Wasserstoff erzeugt – ein einfaches und ausgereiftes Verfahren. Unter Entzug von Kohlendioxid aus der Atmosphäre lassen sich in Synthese von Methan bis zum Diesel sauber und unabhängig von der Tageszeit Treibstoffe erzeugen und speichern. Dieses Verfahren ermöglicht im kleinen Maßstab für Haushalte und im Großen für die Netzstabilität des Landes mehr als eine ausreichende Reserve, chemische Grundstoffe und Regelleistung.

Unter Annahme eines konservativen Zubaus von hauptsächlich Windenergieanlagen, Photovoltaik und Solarthermie ließe sich binnen zwölf Jahren mit nur der Hälfte des ermittelten Potenzials von 103 Gigawatt und etwa 30 Gigawatt an PtG/L (Liquid = Treibstoffe) die Energiewende in Ecuador vollziehen. Weiterführende Berechnungen zeigen, dass es dafür weder ausländische Kredite noch die Erhöhung von Energiepreisen braucht. Dennoch sollten im Verkehr zunehmend leichtere Treibstoffe zur Anwendung kommen, die bis zu ihrem Ersatz durch synthetische Treibstoffe umgehend importiert werden sollten.

Jetzt die richtigen Weichen stellen

Die Energiewende Ecuadors ist nicht nur möglich, sondern wirtschaftlich, politisch, humanitär und zur Bewahrung der Natur und Vielfalt notwendig. Gelingt die Energiewende, kann Ecuador seine finanzielle Abhängigkeit von China, den USA und der EU beenden, beispielsweise indem Ecuador die von China nicht mehr einzufahrenden Gewinne aus den Förderlizenzen über Lieferverträge für PV-Module und Windenergieanlagen kompensiert. Außerdem würden 94 Prozent der heute bekannten ecuadorianischen Erdölreserven im Boden verbleiben. Die Energiepreise würden langfristig sinken und Hunderttausend qualifizierte Arbeitsplätze geschaffen. Die Ausbeutung anderer Rohstoffe wie Holz oder Erz sowie die industrielle Erzeugung von Palmöl wäre nicht mehr notwendig. Langfristig schützt dies die Umwelt und ihre Bewohner(innen) und ermöglicht dem Land politische Stabilität.

Die nationale Energieversorgung ist der Dreh- und Angelpunkt für die Entwicklung von Ecuador. Die Untersuchung, wie sich Ecuadors Energieversorgung nachhaltig transformieren kann, kommt gerade zur rechten Zeit. Die neu gewählte Regierung

Ecuadors mit Präsident Lenín Moreno von der Alianza País hat im September 2017 ein neues Referendum angekündigt. Sollte es dazu führen, dass die Verfassung wieder ernst genommen wird und im Yasuní nicht mehr nach Öl gebohrt wird, ließen sich ab Dezember 2017 die Weichen für die oben vorgeschlagene Transformation stellen. Hält das Land jedoch am Extraktivismus fest, insbesondere an der unwirtschaftlichen Erdöl- und Erdgasförderung, wird Ecuador in wenigen Jahren am Rand seiner Existenz stehen – mit heute nicht vorstellbarer Dramatik.

Anmerkungen

(1) Radiotoxische Nukleotide sind radioaktive Elemente oder Isotope, meist in der Gruppe der Schwermetalle, die chemisch hoch aktiv sind und ähnlich wie freie Radikale im Körper alle chemischen Verbindungen zerstören, mit denen sie in Kontakt kommen.

(2) Jedes an Erneuerbaren zugebaute Gigawatt erzeugt so viel Energie, dass es möglich ist, umgehend 2,5 bis sechs Millionen Barrel pro Jahr zu ersetzen. Aufgrund des derzeitigen Ausbaus von Erneuerbaren verringert sich der Bedarf an fossilen Kraftstoffen global im Jahr um 1,4 bis 3,3 Prozent.

(3) Golla, Stefan (2017): The End of Oil – Eine Energiewende-Studie für ein nachhaltiges Ecuador. München.

Zum Autor

Stefan Golla, geb. 1979, studierte Physik und ist Umweltaktivist sowie Projektmanager für Erneuerbare Energien, Ökolandbau und Smart Grid-Technologien bei GEDES e.V.

Kontakt

Stefan Golla
E-Mail stefan.golla@posteo.de

Haben Sie eine der letzten Ausgaben verpasst? Bestellen Sie einfach nach!

pö 110 **China**
Wirtschaftsmacht vor dem ökologischen Kollaps? 6,00 €

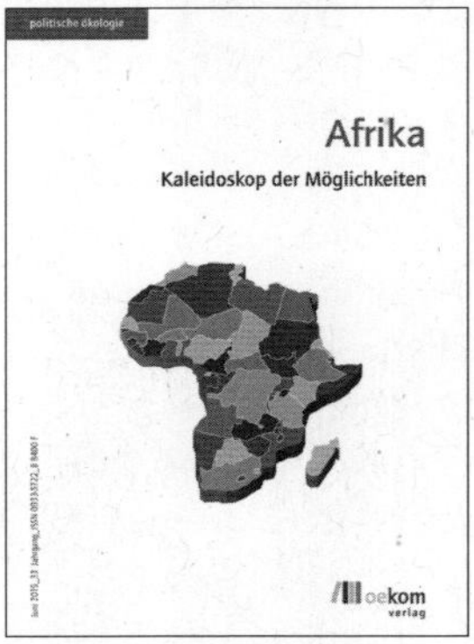

pö 141 **Afrika**
Kaleidoskop der Möglichkeiten. 17,95 €

pö 134 **Lateinamerika**
Zwischen Ressourcenausbeutung und „gutem Leben“. 16,95 €

Das Gesamtverzeichnis finden Sie im Internet unter **www.politische-oekologie.de**
E-Mail neugier@oekom.de

Impressum

politische ökologie, Band 151
Asien
Zwischen wirtschaftlichem Aufstieg und ökologischem Kollaps
Dezember 2017
ISSN 0933-5722, ISBN 978-3-86581-851-5
Verlag: oekom Gesellschaft für ökologische Kommunikation mbH
Waltherstraße 29 , D-80337 München
Fon ++49/(0)89/54 4184-0, Fax -49
E-Mail obermayr@oekom.de
Herausgeber: oekom e. V. – Verein für ökologische Kommunikation, www.oekom-verein.de
Chefredaktion: Jacob Radloff (verantwortlich)
Stellvertr. Chefredaktion: Anke Oxenfarth (ao)
Redaktion: Helena Obermayr (CvD, hob)
Redaktionelle Mitarbeit: Simone Jansen (sj), Daniel Weber
Schlusskorrektur: Claudia Mantel-Rehbach
Gestaltung: Lone Birger Nielsen,
E-Mail nielsen.blueout@gmail.com
Anzeigenleitung/Marketing:
Janine Gaumer, oekom GmbH (verantwortlich)
Fon ++49/(0)89/54 41 84 35
E-Mail anzeigen@oekom.de
Bestellung, Aboverwaltung und Vertrieb:
InTime Media Services GmbH
Zeitschriften oekom, Postfach 1363, D-82034 Deisenhofen
Fon ++49/(0)89/858 53 -570, Fax -62570
E-Mail oekom@intime-media-services.de

Vertrieb Bahnhofsbuchhandel: VU Verlagsunion KG,
Meßberg 1, D-20086 Hamburg
Druck: Kessler Druck + Medien,
Michael-Schäffer-Str. 1, D-86399 Bobingen
Gedruckt auf 100%igem Recycling-Papier, zertifiziert mit dem Blauen Engel RAL-UZ 14
Bezugsbedingungen: Die politische ökologie erscheint vier Mal im Jahr. Ein Abonnement kostet für Institutionen und Organisationen 117,95 €, für Privatpersonen 64,70 € und für Studierende ermäßigt (gegen Nachweis) 53,50 €. Alle Preise zzgl. Versandkosten. Das Abonnement verlängert sich automatisch, wenn es nicht 6 Wochen vor Ablauf schriftlich gekündigt wird. Einzelheftpreis: 17,95 € zzgl. Versandkosten. Konto: Postbank München, IBAN DE59 7001 0080 0358 7448 03; BIC PBNKDEFF. Nachdruckgenehmigung wird nach Rücksprache mit dem Verlag in der Regel gern erteilt. Voraussetzung hierfür ist die exakte Quellenangabe und die Zusendung von zwei Beleg exemplaren. Artikel, die mit dem Namen des Verfassers der Verfasserin gekennzeichnet sind, stellen nicht unbedingt die Meinung der Redaktion dar. Für unverlangt ein gesandte Manuskripte sind wir dankbar, übernehmen jedoch keine Gewähr.
Bildnachweise:
Titel und S. 12, 14, 25, 61, 93 und 145 Fotolia

Die Deutsche Nationalbibliothek – CIP-Einheitsaufname. Ein Titeleinsatz für diese Publikation ist bei der Deutschen Nationalbibliothek erhältlich.

Vorschau
Medien in der Großen Transformation

politische ökologie (Band 152) – März 2018

Themen wie die Verknüpfung von Energie- und Verkehrswende oder Wirtschaften im Zeichen der planetaren Grenzen erobern nicht nur die politische Agenda. Auch in den Medien spielt die Transformation in Richtung Nachhaltigkeit eine zunehmend größere Rolle. Trotzdem haben Umweltjournalist(inn)en noch immer ihre liebe Müh', ihren Redaktionen wissenschaftliche Empfehlungen für eine anspruchsvolle, sektorenübergreifende Nachhaltigkeitspolitik schmackhaft zu machen. Denn die mediale Berichterstattung funktioniert nach eigenen Regeln. Zudem lässt der Strukturwandel innerhalb der Medienlandschaft die Budgets für fundierte Recherchen abschmelzen.

Welche Rolle können (Massen-)Medien innerhalb der Großen Transformation spielen, ohne ihr Selbstverständnis als neutraler Beobachter aufzugeben? Wie kann Qualitätsjournalismus in Zeiten von Fake News, schnellen Klicks und geringeren Werbeeinnahmen überleben? Welche neuen Kommunikationsstrategien brauchen zivilgesellschaftliche und wissenschaftliche Akteure, um medial durchzudringen? – Die Autor(inn)en der *politischen ökologie* spüren Experimenten mit neuen, grünen Erzählformen und -formaten nach und loten aus, wie sich ein gesellschaftlicher Resonanzraum für anstehende Entscheidungen und Umorientierungen schaffen lässt.

Die politische ökologie (Band 152) erscheint im März 2018 und kostet 17,95 €

ISBN 978-3-96238-032-8